나만의 여행을 찾다보면 빛나는 순간을 발견한다.

잠깐 시간을 좀 멈춰봐.
잠깐 일상을 떠나 인생의 추억을 남겨보자.
후회없는 여행이 되도록
순간이 영원하도록
Dreams come true.

Right here.
세상 저 끝까지 가보게

New normal

뉴 노멀New normal 이란?

흑사병이 창궐하면서 교회의 힘이 약화되면서 중세는 끝이 나고, 르네상스를 주도했던 두 도시, 시에나(왼쪽)와 피렌체(오른쪽)의 경쟁은 피렌체의 승리로 끝이 났다. 뉴 노멀 시대가 도래하면 새로운 시대에 누가 빨리 적응하느냐에 따라 운명을 가르게 된다.

전 세계는 코로나19 전과 후로 나뉜다고 해도 누구나 인정할 만큼 사람들의 생각은 많이 변했다. 이제 코로나 바이러스가 전 세계로 퍼진 상황과 코로나 바이러스를 극복하는 인간의 과정을 새로운 일상으로 받아들여야 하는 뉴 노멀New normal 시대가 왔다.

'뉴 노멀New normal'이란 시대 변화에 따라 과거의 표준이 더 통하지 않고 새로운 가치 표준이 세상의 변화를 주도하는 상태를 뜻하는 단어이다. 2008년 글로벌 금융위기를 겪으면서 세계 최대 채권 운용회사 핌코PIMCO의 최고 경영자 모하마드 엘 에리언Mohamed A. El-Erian이 그의 저서 '새로운 부의 탄생When Markets Collide'에서 저성장, 규제 강화, 소비 위축, 미국 시장의 영향력 감소 등을 위기 이후의 '뉴 노멀New normal' 현상으로 지목하면서 사람들에게 알려졌다.

코로나19는 소비와 생산을 비롯한 모든 경제방식과 사람들의 인식을 재구성하고 있다. 사람 간 접촉을 최소화하는 비대면을 뜻하는 단어인 언택트Untact 문화가 확산하면서 기업, 교육, 의료 업계는 비대면 온라인 서비스를 도입하면서 IT 산업이 급부상하고 있다. 바이러스가 사람간의 접촉을 통해 이루어지므로 사람간의 이동이 제한되면서 항공과 여행은 급제동이 걸리면서 해외로의 이동은 거의 제한되지만 국내 여행을 하면서 스트레스를 풀기도 한다.

소비의 개인화 추세에 따른 제품과 서비스 개발, 협업의 툴, 화상 회의, 넷플릭스 같은 홈 콘텐츠가 우리에게 다가오고 있으며, 문화산업에서도 온라인 콘텐츠 서비스가 성장하고 있다. 기업뿐만 아니라 삶을 살아가는 우리도 언택트Untact에 맞춘 서비스를 활성화하고 뉴 노멀New normal 시대에 대비할 필요가 있다.

뉴 노멀(New Normal) 여행

뉴 노멀New Normal 시대를 맞이하여 코로나 19이후 여행이 없어지는 일은 없지만 새로운 여행 트랜드가 나타나 우리의 여행을 바꿀 것이다. 그렇다면 어떤 여행의 형태가 우리에게 다가올 것인가? 생각해 보자.

장기간의 여행이 가능해진다.

바이러스가 퍼지는 것을 막기 위해 재택근무를 할 수 밖에 없는 상황에 기업들은 재택근무를 대규모로 실시했다. 그리고 필요한 분야에서 가능하다는 사실을 알게 되었다. 재택근무가 가능해진다면 근무방식이 유연해질 수 있다. 미국의 실리콘밸리에서는 필요한 분야에서 오랜 시간 떨어져서 일하면서 근무 장소를 태평양 건너 동남아시아의 발리나 치앙마이에서 일하는 사람들도 있다.
이들은 '한 달 살기'라는 장기간의 여행을 하면서 자신이 원하는 대로 일하고 여행도 한다. 또한 동남아시아는 저렴한 물가와 임대가 가능하여 의식주를 저렴하게 해결할 수 있다. 실리콘밸리의 높은 주거 렌트 비용으로 고통을 받지 않는 새로운 방법이 되기도 했다.

자동차 여행으로 떨어져 이동한다.

유럽 여행을 한다면 대한민국에서 유럽까지 비행기를 통해 이동하게 된다. 유럽 내에서는 기차와 버스를 이용해 여행 도시로 이동하는 경우가 대부분이었지만 공항에서 차량을 렌트하여 도시와 도시를 이동하면서 여행하는 것이 더 안전하게 된다.

자동차여행은 쉽게 어디로든 이동할 수 있고 렌터카 비용도 기차보다 저렴하다. 기간이 길면 길수록, 3인 이상일수록 렌터카 비용은 저렴해져 기차나 버스보다 교통비용이 저렴해진다. 가족여행이나 친구간의 여행은 자동차로 여행하는 것이 더 저렴하고 안전하다.

소도시 여행

여행이 귀한 시절에는 유럽 여행을 떠나면 언제 다시 유럽으로 올지 모르기 때문에 한 번에 유럽 전체를 한 달 이상의 기간으로 떠나 여행루트도 촘촘하게 만들고 비용도 저렴하도록 숙소도 호스텔에서 지내는 것이 일반적이었다. 하지만 여행을 떠나는 빈도가 늘어나면서 유럽을 한 번만 여행하고 모든 것을 다 보고 오겠다는 생각은 달라졌다.

최근에 유럽뿐만 아니라 동남아시아에서도 다양한 음식과 문화를 느껴보기 위해 소도시 여행이 활성화되고 있었는데 뉴 노멀New Normal 시대가 시작한다면 사람들은 대도시보다는 소도시 여행을 선호할 것이다. 특히 동남아시아의 치앙마이, 나트랑, 호이안 등은 소도시로 떠나는 여행자가 증가하고 있었다. 그 현상은 앞으로 증가세가 높을 가능성이 있다.

호캉스를 즐긴다.

타이완이나 동남아시아로 여행을 떠나는 방식도 좋은 호텔이나 리조트로 떠나고 맛있는 음식을 먹고 나이트 라이프를 즐기는 방식으로 달라지고 있었다. 이런 여행을 '호캉스'라고 부르면서 젊은 여행자들이 짧은 기간 동안 여행지에서 즐기는 방식으로 시작했지만 이제는 세대에 구분 없이 호캉스를 즐기고 있다.

코로나 바이러스로 인해 많은 관광지를 다 보고 돌아오는 여행이 아닌 가고 싶은 관광지와 맛좋은 음식도 중요하다. 이와 더불어 숙소에서 잠만 자고 나오는 것이 아닌 많은 것을 즐길 수 있는 호텔이나 리조트에 머무는 시간이 길어졌다. 심지어는 리조트에서만 3~4일을 머물다가 돌아오기도 한다.

저 밀집 여행

코로나 바이러스가 전 세계를 휩쓸면서 우리 삶의 많은 것들이 변했다. 여행도 마찬가지로 변화하고 있다. 나라마다 공항을 걸어 잠그면서 여행을 할 수 없었지만 백신이 보급되면서 점차 여행이 시작되고 있다. 코로나 바이러스가 있지만 인간은 새로운 지역으로 이동하여 여행을 하면서 사는 것이 일반화되었다. 여행이 자유롭게 가능해지면 더욱 여행을 많이 하는 '보복 여행'도 나타나게 된다.

코로나 바이러스가 유행하기 전, 각국의 관광도시들은 관광객으로 몸살을 앓는 '다크 투어리즘'이 나타나기도 했다. 관광객이 몰려들면서 관광도시들은 매일매일 관광객과 씨름을 하는 일이 많아지며 대비를 해야 한다고 했다. 임대료가 비싸지고 범죄도 늘어나면서 각국은 여행자를 제한하는 것에 관심이 많아졌다. 그런데 코로나 바이러스가 전 세계로 번져나가면서 여행이 금지되었다.

이제는 여행의 패턴이 달라졌다. 사람들이 한 곳에 몰려서 여행하는 방식도 아니고 여행지도 너무 많은 사람들이 도시로 여행하는 것을 달가워하지 않는다. 이탈리아의 베네치아는 도시로 들어와 여행하는 사람들을 제한하려고 한다. 앞으로 관광도시들뿐만 아니라 여행자도 밀집지역으로 여행하는 것을 꺼리고 있다. 한마디로 '저 밀집 여행'을 하려고 다양한 방법을 강구하고 있다.

Contents

푸꾸옥 여행에 꼭 필요한 INFO | *64*

푸꾸옥 북부 | 226

볼거리

건저우 곶 / 자이 해변 / 푸꾸옥 국립공원 / 옹랑 해변

EATING

SLEEPING

전용해변을 가진 아름다운 리조트 & 호텔

푸꾸옥 빈펄 랜드 / 빈펄 사파리

Intro

서울시 정도의 크기인 푸꾸옥Phu Quoc 섬은 총 150㎞의 해안선이 둘러싸고 있다. 아직은 많은 사람들이 찾지 않는 때 묻지 않고 평온한 베트남 남부에 위치한 신비의 섬, 푸꾸옥Phu Quoc이 비상하고 있다. BBC 선정, 세계에서 가장 아름다운 해변 10위로 선정되었다고 하는 푸꾸옥Phu Quoc은 베트남의 남쪽 끼엔장Kien Giang성에 속하는 가장 큰 섬이다. 육지와의 거리감 때문에 교류가 늘어가고 있는 베트남에서도 많이 동떨어진 듯한 느낌이 든다. 최근에 신비한 신혼여행지로 각광을 받고 있다.

육지와는 배로 5~6시간이 걸리는 거리로 베트남의 대표적인 도시인 하노이와 호치민에서 매일 정기적인 항공편이 운항되고는 있지만, 예산이 적은 이들에게 비행기는 부담스럽고 배는 소요 시간이 적지 않아서 베트남 사람들도 가볍게 방문할 수 있는 여행지는 아니라고 알려져 있다. 부유한 사람들의 휴양지로 여겨지곤 했던 푸꾸옥Phu Quoc은 고급 휴양지로 개발되고 있는 섬이다.

많은 해수욕장들 중에 가장 긴 길이를 자랑하는 '롱비치Long Beach'는 영국의 국영 방송국인 〈BBC〉, 〈CNN〉에서는 선정한 세계에서 가장 아름다운 해변 10위 안에 들기도 했고, 내셔널 지오그래픽 선정 '최고의 겨울 여행지' 3위로 손꼽힐 만큼 놓쳐서는 안 될 휴양지로 성장하고 있다.

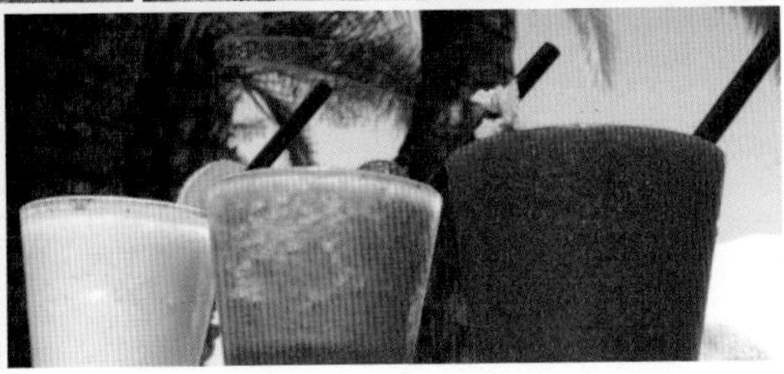

푸꾸옥Phu Quoc은 한국인에게는 아직 생소하지만 유럽인과 현지 베트남 사람들에게는 인기 많은 휴양지로 알려져 있다. 때 묻지 않은 자연과 순박한 사람들의 인심이 많은 여행자를 끌어들이고 있다. 2019년 직항이 개설되면서 푸꾸옥Phu Quoc은 주목해야 할 여행지로 떠올랐다.

푸꾸옥Phu Quoc에서 나고 자란 사람 이외의 발길이 많지 않다. 타고난 자연미를 지금까지 보존시키는 데 큰 공을 세웠다. 섬의 북쪽은 이미 유네스코 자연유산에 등록된 생물권 보호 구역이며, 작은 무인도들이 많은 섬의 남쪽으로는 전 세계 다이버들이 열광할 만큼 황홀한 다이빙 지점들이 많다. 현지인에게 자연 휴양지로 통했던 곳이 서서히 해외에 알려지면서 유럽인이 사랑하는 휴양지가 되어 가고 있다.

면적은 567㎢, 길이는 62㎞에 달한다. 캄보디아 국경에서 12㎞밖에 떨어지지 않은 푸꾸옥Phu Quoc은 호치민에서 국내선으로 1시간 거리이다. 대한민국의 제주도 같은 섬이며 베트남 정부가 경제특구로 지정하면서 개발 중에 있다. 5성급 리조트와 다양한 호텔과 숙박시설이 들어섰지만 여전히 천혜의 자연환경은 그대로 살아 있다.

우리가 흔히 알고 있는 베트남 도시와는 또 다른 매력을 갖고 있다. 순박한 섬에서 즐기는 소소한 재미가 푸꾸옥Phu Quoc 섬을 즐기는 방법이다. 아직 개발 중인 푸꾸옥은 대단한 즐길 거리를 생각한다면 실망할 수도 있지만 자연과 함께 즐기는 재미는 상상이상이다.

따스한 바람이 불어오는 푸꾸옥Phu Quoc에 도착해 가장 먼저 찾아야 하는 곳은 바로 아름다운 해변이다. 원시 자연 그대로를 보존하고 있는 만큼 남쪽으로 길을 달리면 보이는 사오 해변은 푸꾸옥Phu Quoc 대표 관광지답게 아름다운 풍광을 자랑한다. 베트남말로 별을 뜻하는 사오는 별처럼 아름다운 해변이라 하여 이 같은 이름을 갖게 됐다. 1년 내내 청명한 날씨는 매력 중 하나로 연평균 기온 27도 정도인 훈훈한 날씨 덕에 겨울이면 더욱 찾기 좋은 곳이다.

가족 여행지, 푸꾸옥

푸꾸옥은 지속적으로 볼거리가 생겨나고 있다.

푸꾸옥의 장점은 에메랄드빛 바다를 어디서든 볼 수 있다.

힘든 회사 생활에서 가족과의 여행은
에너지를 충전시키는 원동력이다.

베트남 여행지에서 나는 푸꾸옥이 가장 기억에 남는다. 특히 전 세계에서 가장 긴 케이블카를 타고 바라보는 바다의 풍경은 아직도 생생한 기억이다.

아이들도 바다에서 눈을 떼지 못했다.

아이들의 해밝은 모습만 봐도 행복하다.

아침에 떠오르는 햇빛을 보고만 있어도 행복했다.

푸꾸옥은 가성비가 좋은 호텔과 리조트가 정말 많다.

ABOUT 베트남

Vietnam

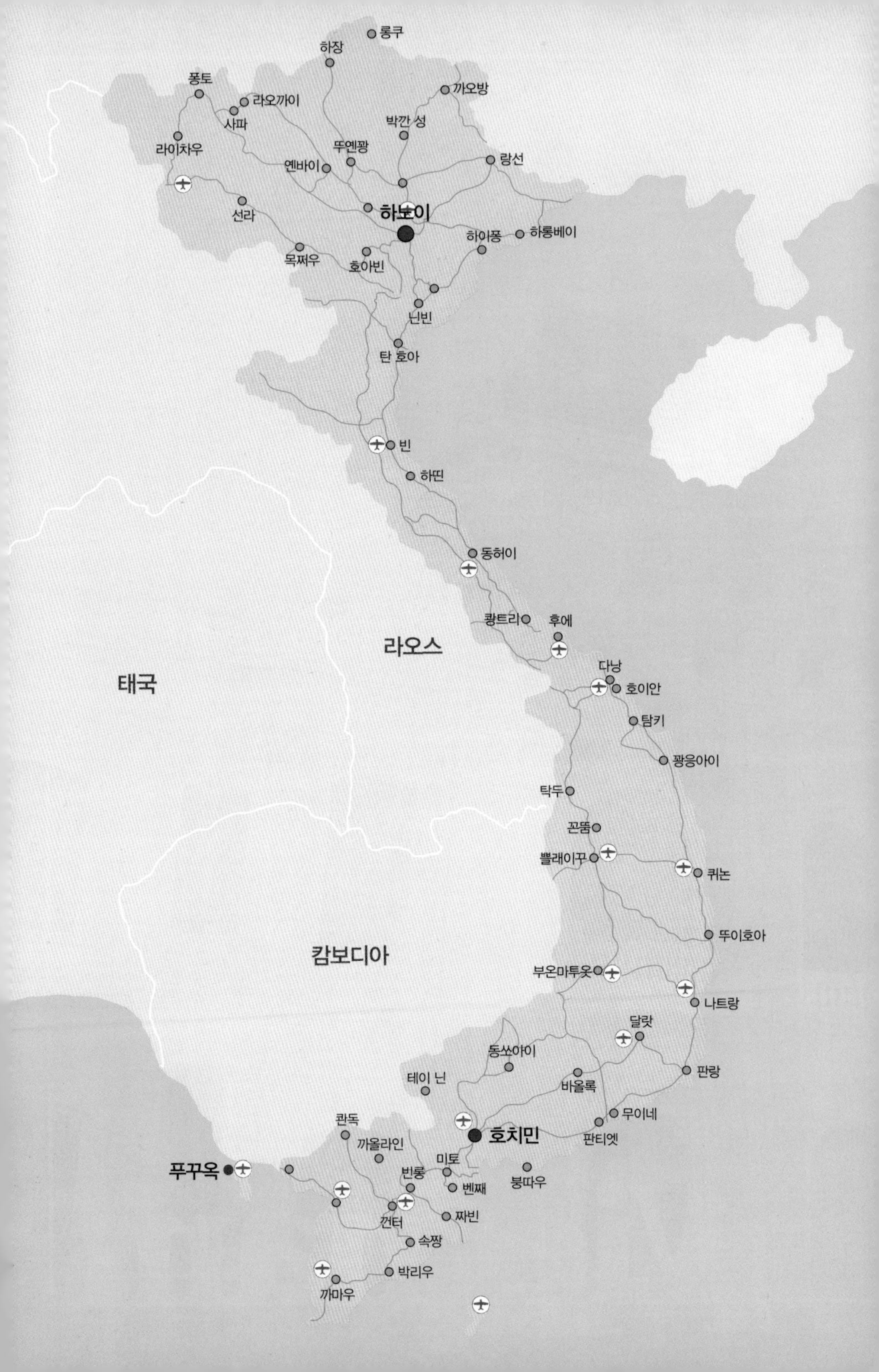

룽쿠
하장
퐁토
라오까이
사파
까오방
박깐 성
라이차우
뚜옌꽝
옌바이
랑선
선라
하노이
하이퐁
하롱베이
목쩌우
호아빈
닌빈
탄 호아
빈
하띤
동허이
광트리
후에
라오스
태국
다낭
호이안
탐키
꽝응아이
탁두
꼰뚬
쁠래이꾸
퀴논
뚜이호아
캄보디아
부온마투옷
나트랑
달랏
동쏘아이
판랑
테이 닌
바올록
무이네
칸독
호치민
판티엣
까올라인
미토
푸꾸옥
빈롱
붕따우
벤째
껀터
짜빈
속짱
박리우
까마우

한눈에 보는 베트남

북쪽으로는 중국, 서쪽으로는 라오스, 캄보디아와 국경을 맞대고 있다. 베트남 남쪽에는 메콩 강이 흘러내려와 태평양으로 빠져나간다.

- ▶**국명** | 베트남 사회주의 공화국
- ▶**인구** | 약 8,700만 명
- ▶**면적** | 약 33만㎞(한반도의 약1.5배)
- ▶**수도** | 하노이
- ▶**종교** | 불교, 천주교, 까오다이교
- ▶**화폐** | 동(D)
- ▶**언어** | 베트남어

빨간 바탕에 금색 별이 그려져 있다고 해서 금성홍기라고 한다. 빨강은 혁명의 피와 조국의 정신을 나타낸다. 별의 다섯 개 모서리는 각각 노동자, 농민, 지식인, 군인, 젊은이를 상징한다.

베트남인

대부분 우리나라 사람들과 비슷하게 생겼다. 하지만 베트남은 55개 민족이 모여 사는 다민족 사회이기 때문에 사람들마다 피부색이나 체격이 조금씩 차이가 난다.

베트남은 영어 알파벳 'S'를 닮았다. 폭은 좁고 남북으로 길게 쭉 뻗어 있다. 베트남인들은 대부분 북부와 남부, 두 지역에 모여 살고 있다. 북쪽에는 홍 강, 남쪽에는 메콩 강이 있고, 두 강이 만든 넓은 평야가 펼쳐져 있다. 중간에는 안남 산맥이 남북으로 길게 뻗어 있다.

푸꾸옥의 사계절

푸꾸옥Phu Quoc은 베트남의 최남단에 태평양을 직접 접해 있는 섬이 아니고 타이 만Thai Bay이 시작되는 곳에 위치한 섬이기 때문에 중부의 다낭Da Nang이나 남부의 나트랑Nha Trang과는 다른 기후를 가지고 있다. 몬순의 열대성 기후로 비가 오는 우기와 건조한 계절인 건기로 구분된다. 우기는 5~9월까지로 푸꾸옥Phu Quoc은 비가 많이 내린다. 갑자기 비가 내리지만 비가 내리지 않는 경우도 있다. 학생들의 여름 방학기간이 우기에 있다.

건기는 10~다음해 4월까지 지속된다. 건기에 푸꾸옥Phu Quoc은 강렬한 햇빛, 잔잔한 바다, 맑은 쪽빛바다를 가지고 있어 사진을 찍고 해변을 즐기기에 적합하다. 푸꾸옥Phu Quoc에 관광객이 몰려드는 혼잡한 계절이기도 하다. 아직까지 푸꾸옥에서 가장 많은 관광객은 주로 추위를 피하려고 온 러시아인과 중국인들이다. 베트남사람들은 주로 여름휴가를 이용해 푸꾸옥으로 휴양을 온다.

푸꾸옥 여행의 필수품

1. 모자

따가운 햇살이 항상 비추는 푸꾸옥Phu Quoc은 관광지가 대부분 그늘을 피할 곳이 많지 않다. 그러므로 미리 모자를 준비해 가는 것이 얼굴도 보호하고 두피도 보호할 수 있다.

2. 우산

대표적인 관광지인 푸꾸옥Phu Quoc은 바다를 끼고 관광지가 형성되어 있어서 스콜을 만나기도 하고 따가운 햇살을 맞으면 피부가 화끈거리기도 한다. 대부분의 관광지는 그늘이 없어서 우산을 가지고 가면 햇볕이 뜨거우면 양산으로 사용하고 비가 오면 우산으로 사용하면 된다.

3. 긴 팔 옷과 긴 바지

햇볕에 매일 노출되는 여행자는 피부를 보호하는 것이 좋다. 햇볕에 너무 노출이 심하게 되면 벗겨지기도 하고 저녁에 따갑거나 뜨거운 피부 때문에 잠을 자기 힘들 수도 있다.

4. 알로에

피부의 온도를 내려주는 알로에는 동남아시아에서 많이 파는 상품 중에 하나이다. 미리 준비하면 따갑거나 벗겨졌을 때도 바르면 보호도 하고 따가움을 완화할 수도 있다.

우기 여행의 장점

지구 온난화 때문에 사실 우기의 시작은 기상대에서도 정확히 맞추지 못하고 있다. 2018년에도 10월 말까지 전혀 비가 내리지 않다가, 11월이 시작하면서 한 달 내내 비가 본격적으로 시작되었기 때문이다.

우기를 전후로 날씨는 무덥지 않다. 여행 중에 지대가 높은 산간 지역으로 여행한다면 가을처럼 쌀쌀하다. 보통 우기는 9월부터 시작된다고 알고 있지만 점점 늦어지고 있다. 건기가 길어지고 우기가 짧아지고 있다고 하는데 여행자는 알 수가 없다.

우기에는 열대성 소나기인 스콜이 자주 있는데, 짧게는 몇 분에서 길게는 몇 시간씩 갑자기 소나기가 쏟아지는데 언제 그칠지는 누구도 모른다. 스콜이 쏟아지기 전에는 하늘이 어두워지면서 많은 비가 내린 다는 사실을 알 수 있기 때문에 미리 대비를 한다.

더위를 타는 사람은 우기의 여행에서 스콜이 오히려 온도를 내려주기 때문에 유리할 수도 있다.

우기 여행의 장점은 비성수기라서 숙소 가격이 성수기 때보다 저렴하다는 것이다. 하지만 중국이든 대한민국이든 여름 방학이 시작되는 7~8월까지 본격적으로 성수기가 된다.

베트남 여행에서 반드시 알아야할 간단한 상식

외적의 침략을 꿋꿋이 이겨 낸 나라 베트남

20세기에 프랑스와 미국 같은 강대국들과 맞서 끝내 승리를 거둔 베트남은 그 이전에도 중국 등 여러 나라의 침략과 간섭에 시달렸고, 때로는 수백 년 동안 지배를 받기도 했다. 그렇지만 그들은 똘똘 뭉쳐 중국의 지배에서 벗어났고, 19세기까지 독립을 지켜냈다. 그래서 베트남 인들은 자기 나라 역사를 매우 자랑스러워한다.

외세에 굴복하지 않은 저항의 역사

베트남의 역사는 기원전 200년경 지금의 베트남 북동부 지역에 남월이라는 나라가 세워지면서 시작되었다. 그러나 기원전 100~1,100년 동안 중국의 지배를 받았다.

10세기 경 독립 전쟁을 일으켜 중국의 지배에서 벗어난 뒤, 900여 년 동안 중국의 거듭된 침략을 물리치고 발전했다. 19세기 말에 프랑스의 식민지가 된 뒤, 베트남 인들은 호치민을 중심으로 단합하여 미국마저 몰아내고 1974년에 마침내 하나의 베트남을 만들었다.

전쟁으로 모든 것이 파괴되어 버린 베트남은 한동안 차근차근 경제를 발전시켰다. 지금은 동남아시아에서 가장 빠르게 성장하고 있는 나라로 손꼽히고 있다.

설을 쇠는 베트남

음력 정월 초하루에 쇠는 설이 베트남의 가장 큰 명절이다. 이날 베트남의 가정에서는 크리스마스 트리와 같이 나무에 흙이나 종이로 만든 잉어나 말, 여러 가지 물건을 달아 장식한다. 그리고 일가친척이나 선생님, 이웃들을 방문해 서로 덕담을 나누고 복을 기원하며 어린이들에게는 세뱃돈을 준다. 설날의 첫 방문자는 그해의 행운을 가져다준다고 믿어서 높은 관리나 돈 많은 사람을 초대하기도 하는데, 첫 방문자는 조상신을 모신 제례 상에 향불을 피우고 덕담을 한다.

무한한 가능성을 지닌 젊은 나라

베트남 개방이후 '새롭게 바꾼다'라는 뜻의 '도이머이 정책'을 펼치면서 외국 기업을 받아들이고 투자도 받았다. 앞선 기술을 배우려고 애쓰면서 끈기와 부지런함으로 경제 발전을 이루고 있다.

베트남은 사회주의 국가이기는 하지만 오늘날 해외의 자본과 기술을 받아들이고 경제 발전을 위해 노력하고 있다. 1986년부터 베트남식 경제 개혁 정책인 '도이머이'정책을 펴서 이웃 나라들과 활발히 교류하고 있고 2006년에 세계 무역 기구(WTO)에도 가입했다.

사회활동이 활발한 베트남 여성들

베트남 여성들은 생활력이 강하고, 사회 활동이 활발한 편이다. 그 이유는 베트남이 오랜 전쟁을 겪는 동안 전쟁터에 나간 남성들 대신에 여성들이 가정을 꾸리고 자녀들을 교육시키는 등 집안의 모든 일을 맡아서 했기 때문이다. 베트남에서는 정부나 단체 등의 높은 자리에 여성들이 많이 진출해 있다. 대표적으로는 1992년에 국가 부주석을 지내고 1997년에 재당선된 구엔 티 빈 여사가 있다. 또한 베트남은 국회에서 여성 의원이 차지하는 비율이 20%가 넘는다.

베트남에는 '베트남 여성 동맹'이라는 여성 단체가 있는데, 이 단체는 여성의 권리와 이익을 보호하는 데 앞장서는 단체이다. 또한 여성을 돕기 위한 기금을 조성해, 사업을 하려는 여성들에게 돈을 빌려 주고 있다. 이렇게 베트남 여성들은 여러 분야에서 활발히 활동하고 있고 점점 더 활동 폭을 넓혀가고 있다.

베트남 여인의 상징, 아오자이

'긴 옷'이라는 뜻을 갖고 있는 아오자이는 베트남 여성들이 각종 행사 때나 교복, 제복으로 많이 입는 의상이다. 긴 윗도리와 품이 넉넉한 바지로 이루어진 아오자이는 중국의 전통 의상을 베트남 식으로 바꾼 것이다. 아오자이를 단정하게 차려입은 베트남 여성의 모습은 무척 아름답다.

베트남 도로 횡단 방법 / 도로 규칙

베트남에서는 횡단보도를 건너는 것보다 무단횡단을 하는 모습이 일반적이다. 그래서 처음 베트남 여행을 하는 관광객들은 항상 어떻게 도로를 건널지 고민을 하게 된다. 도로 규정이 명확하지 않은 것 같으므로 붐비는 거리를 건널 때에는 지나가는 오토바이와 차를 조심해야 한다.

호치민이나 하노이에 사는 사람들은 모르지만 호이안Hoian이나 푸꾸옥Phū Quốc의 작은 도시에 사는 사람들도 호치민 같은 대도시로 여행을 간다면 조심하라는 이야기를 할 정도이니 해외의 관광객이 걱정하는 것은 당연하다. 무질서의 대명사처럼 느껴지는 오토바이의 물결이 처음에는 낯설고 무서운 존재일 수 있다. 그렇지만 이 무질서에도 나름의 규칙이 있고 무단횡단도 방법이 있고 주의사항도 있다.

도로 횡단하기(절대 후퇴는 없다.)

베트남 여행에서 도로를 횡단하는 것이 처음 여행하는 관광객에게는 무섭기도 하고 걱정되기도 한다. 가장 먼저 하지 말아야 하는 행동은 절대 뒤로 물러서면 안 된다는 것이다. 가끔 되돌아오는 여행자가 있는 데, 이때 사고가 나게 된다. 오토바이는 속도가 있어서 어느새 자신에게 다가와 있는 데 갑자기 뒤로 돌아오면 오토바이도 대처를 할 수 없게 된다. 이때 오토바이와 부딪치는 사고가 발생한다.

도로 건너기

횡단보도가 있지만 신호등이 없는 베트남의 횡단보드는 오토바이나 차량이 오는 쪽을 바라보는게 좋다. 횡단자가 횡단할 때 오토바이나 차량을 보지 않고 횡단하면 크락션이 울린다. 오토바이나 차량도 진행하고 있을 알리는 일종의 경고와 같은 표현이니 비키라는 의미는 아니다.

도로 운행

1. 2차선

왕복 2차선에는 오토바이든 자동차이든 같이 지나갈 수밖에 없다. 오토바이가 도로를 질주하다가 자동차가 지나가려면 경적을 울린다. 이 때 오토바이는 도로 한 구석으로 이동하면 자동차가 지나간다.

2. 4차선 이상

일방도로가 2차선 이상이 되면 다른 규칙이 있다. 1차선에는 속도가 느린 자동차가 다니는 것처럼 속도가 느린 오토바이가 다닌다. 2차선에는 속도가 빠른 자동차가 다닌다. 오토바이가 2차선을 달리고 있는 상태에서 자동차가 다가오면 경적을 울려 오토바이가 1차선으로 이동하도록 알려주게 된다. 때로 오토바이가 2차선으로 속도를 빠르게 가려면 손을 올려 차선 변경을 한다는 사실을 알려주게 된다. 자동차가 차선을 이동하려면 깜박이를 올려 알려주는 것과 동일한 방법이다.

3. 회전교차로

호치민이나 하노이의 출, 퇴근시간이 되면 회전교차로의 수많은 오토바이의 물결에 깜짝 놀라게 된다. 그리고 이 회전교차로에서 사고가 나는 경우가 많다. 회전교차로에는 차선이 그려져 있지만 오토바이가 많으므로 차선은 무의미하다.

도로 횡단 주의사항

비가 올 때 도로 횡단은 조심해야 한다. 비가 오면 도로가 미끄럽고 오토바이를 운전하는 운전자가 오토바이를 통제하지 못하는 상황이 발생하기 쉽다. 핸들을 좌우로 자주 움직이지 않는 자동차와 다르게 핸들을 자주 움직이는 오토바이는 비가 오면 타이어가 미끄러지는 상황이 자주 발생하고 사고도 많아지게 된다. 그러므로 도로를 횡단하는 사람을 봐도 오토바이가 통제가 되지 않을 상황이 발생하므로 조심하면서 건너야 한다.

버스 타는 방법

소도시에는 작은 버스라서 버스문도 하나이기 때문에 탑승과 하차가 동일한 문에서 이루어진다. 하지만 대도시에는 큰 버스들이 운행을 하고 있다. 버스는 우리가 타는 것처럼 앞문으로 탑승하여, 뒷문으로 내리는 구조와 동일하다.

탑승할 때 버스비를 내고 탑승하는 데 작은 버스는 먼저 탑승을 하고 나서 차장이 다가와 버스비를 걷어간다. 이때 버스비는 과도하게 받는 경우가 많아서 다른 사람들이 내는 것을 보고 있다가 버스비의 가격을 대략 가늠할 필요가 있다. 일반적으로 6,000~18,000동까지 버스비 금액의 차이가 크므로 확인하는 것이 좋다.

베트남 여행 전 꼭 알아야할 베트남 이동수단

베트남이 지금과 같은 교통 체계를 갖추기 시작한 시기는 프랑스 식민지 시대부터였다. 수확한 농산물을 운송해 해안으로 가지고 가기 위한 목적이었다. 하지만 베트남 전쟁으로 파괴된 교통 체계는 이후에 재건하고 근대화하였다. 지금, 가장 대중적인 교통수단은 도로 운송이며, 도로망도 남북으로 도로가 만들어지면서 활성화되었다. 도시 간 이동에 일반 시외버스와 오픈 투어 버스Open tour bus를 이용할 수 있다.

철도는 새로 만들지 못하고 단선으로 총길이 2,347㎞에 이르는 옛 철도망을 사용하고 있다. 가장 길고 주된 노선은 호치민과 하노이를 연결하는 길이 1,726㎞의 남북선이다. 철도로는 이웃한 중국과도 연결되어 중국과의 무역에 활용되고 있다.

베트남에서 최근 여행에 많이 활용되고 있는 방법이 '항공'이다. 하노이, 다낭, 나트랑, 호치민, 달랏, 푸꾸옥을 기점으로 공항에 활성화되고 있다. 특히 유럽의 배낭 여행자들은 항공을 적극 활용하고 있다.

베트남 여행에서 도시 간 이동에서 이용하는 도로 교통수단으로 일반 시외버스와 여행사의 오픈 투어 버스Open tour bus가 있다. 일반 시외버스는 낡은 데다 시간도 오래 걸리기 때문에 장거리 이동이 불편하다. 베트남에서 '오픈 투어Open tour', '오픈 데이트 티켓Open Date Ticket', '오픈 티켓Open Ticket'이라는 단어를 들을 수 있는데, 이것은 저렴한 예산으로 여행하려는 외국인 여행자를 대상으로 하여 제공되는 '오픈 투어 버스'로 여행자들은 '슬리핑 버스'라고 부르고 있다. 이유는 버스에는 에어컨이 갖추어져 있고 거의 누운 상태에서 야간에 잠을 자면서 이동하는 버스이기 때문이다. 호치민 시와 하노이 사이를 운행하며 사람들은 도중에 주요 도시에서 타고 내릴 수 있다. 경쟁이 치열하여 요금이 많이 내려간 상태여서 실제로, 가장 저렴한 교통수단이다.

베트남 도시와 도시를 연결하는 슬리핑 버스

하노이, 다낭, 나트랑, 호치민은 베트남의 여행을 하기 위한 거점 도시이다. 각 버스 회사들이 각 도시를 연결하고 있다. 북, 중, 남부의 대표적인 도시마다 각 도시를 여행을 하기 위해 버스를 타고 이동을 하는 데 저녁에 탑승해 다음날 아침 6~7시에 다음 도시에 도착하게 된다. 예를 들어 하노이에서 18~19시에 숙소로 픽업을 온 가이드의 인솔을 받아, 어딘가로 차를 타고 가서 큰 코치버스를 탑승하게 된다. 이 버스를 타고 이동하면 다낭에 아침에 도착한다. 그러므로 베트남 전체를 모두 여행을 하려면 버스에 대해 확실하게 알고 출발하는 것이 좋다. 이렇게 버스를 야간에 자면서 간다고 해서 '슬리핑 버스Sleeping Bus'라고 부른다.

슬리핑버스라서 야간 이동만 생각할 수 있는데 최근에는 도시 간 이동하는 버스는 대부분 슬리핑 버스형태로 동일하다. 오전이나 오후에 4~5시간 이동하는 버스도 슬리핑 버스와 동일하기 때문에 도시 간 이동을 하는 버스는 모두 슬리핑 버스라고 알고 있는 것이 좋다.

버스를 예약하는 방법은 여행사를 통해 예약하거나 숙소에서 예약을 해달라고 하면 연결된 버스회사에 예약을 해주는 것이 가장 일반적인 방법이다. 버스를 예약하는 방법은 원래 각 버스회사의 홈페이지를 통해 온라인 예약을 하거나 전화로 예약, 직접 버스회사의 사무실을 찾아가면 된다. 버스 티켓을 구입하면 버스티켓은 노선 명, 탑승시간, 소요시간 등이 기재되어 있다.
베트남 여행자들에게 유명한 버스 회사는 신 투어리스트Shin Tourist, 풍짱 버스Futa Bus, 탐한 버스Tam Hanh Bus 등이 있다. 각 버스마다 노선마다 운행하고 있는 버스가 모두 다르므로 여행 전에 차량 정보를 미리 확인하는 게 안전하다. 각 버스회사마다 예약을 하는 방법이 조금씩 차이가 있다. 슬리핑 버스가 출발하면 3시간 정도마다 휴게소에 들리게 된다. 이때 내려서 화장실에 가거나 저녁을 먹도록 시간을 배정한다. 보통 10시간 정도 이동한다면 2~3번의 휴게소에 들리게 된다.

슬리핑 버스 타는 방법

1. 좌석이 버스티켓에 적혀 있는 경우도 있고 좌석을 현지에서 바로 알려주는 경우도 있다. 그러므로 좌석을 확인하고 탑승해야 한다.
2. 자신의 여행용 가방은 짐칸에 먼저 싣기 때문에 사전에 안전하게 실렸는지 확인하고 탑승해야 한다. 간혹 없어졌다는 문제가 발생하기도 한다.
3. 베트남의 슬리핑버스는 신발을 벗고 타야 한다. 비닐봉지를 받아서 신발을 넣고 자신의 좌석으로 이동한다.
4. 버스 내부는 각각의 독립된 캡슐처럼 좌석이 배치되어 있으며, 침대칸으로 편하게 누워서 이동이 가능하다. 한 줄에 3개의 좌석이 있는 데 가운데 좌석은 답답하므로 창가좌석이 좋다. 인터넷으로 예약을 하면 좌석을 지정할 수 있으므로 바깥 풍경을 보면서 이동하는 게 조금 편하게 이동하는 방법이다.
5. 좌석은 1층과 2층이 있는데 2층보다는 1층이 흔들림이 적어 편하고 때로 멀미가 심한 사람들에게는 멀미가 덜하다. 연인이나 부부, 가족일 때는 사전에 좌석을 지정하거나 탑승하면서 이야기를 하여 앞뒤보다는 양옆자리로 배치해 서로 보면서 이동하는 것이 좋다.
6. 와이파이는 무료로 되지만 와이파이가 약하기 때문에 기대를 안 하는 것이 낫다.

버스 회사의 양대 산맥

풍짱 버스(Futa Bus)

1992년에 설립되어 운행하고 있는 버스 회사로 최근에 도시 간 이동편수를 가장 많이 늘리고 있다. 그래서 풍짱 버스는 시간표가 촘촘하게 잘 연결되어있는 편이다. 배차되는 버스가 많다보니 좌석이 여유가 있는 편이므로 급하게 도시를 이동하려는 버스는 구하려면 추천한다. 주말이나 공휴일 같은 특수한 경우가 아니라면 당일 예약이 가능하다.
풍짱 버스는 인터넷으로 예약이 가능하고 선착순으로 버스회사에서 표를 구할 수 있다. 풍짱 버스 예약사이트에서 예약과 결제를 진행하고 나서 바우처를 지참해 풍짱 버스 사무실에 가서 버스티켓으로 교환하면 된다.

주의사항

1. 1시간 정도의 여유를 가지고 출력한 표로 티켓을 교환해야 한다.
2. 셔틀 버스로 터미널로 이동하나 2시간 전에 이동하므로 개인적으로 시간에 맞추어 이동하는 경우도 있다.

풍짱 버스(https://futabus.vn) 예약하는 방법

1. 출발지(Origin)와 목적지(Destination)를 선택한다.
2. 예약날짜와 티켓수량을 선택한 후 [Book Now]를 클릭한다.
3. 출발 시간(Departure time)과 픽업 장소(Pickup point를 선택한다.
4. 예약을 하면 바우처가 메일로 오고, 그 바우처를 가지고 풍짱 버스 사무실로 가게 된다. 그래서 픽업장소에서 탑승해 가지 않고 개인적으로 이동하는 경우도 많다.
5. 좌석을 선택한다. 멀미가 심한 편이면 FLOOR 1 중 가능하면 앞 좌석으로 선택하는 것이 가장 좋다. 좌석 선택을 마치면 [Next]를 클릭한다.
6. 개인정보를 입력한다. 별표로 표시된 필수 입력칸만 채우면 된다. 이름, 이메일, 핸드폰 번호를 적는데, 본인 핸드폰을 로밍해서 간다면 +82-10-xxxx-xxxx 로 적어주면 된다. Billing Country, Billing City, Billing Address는 자신의 한국주소를 영문으로 적는다. 대충 간단하게 기입해도 상관없다 정책동의 체크표시를 한 후 [Next]를 클릭한다.
7. 카드 종류를 선택하고, [Pay Now]를 클릭한다. 가끔 결제를 할 때 에러가 발생할 수도 있으므로 확인한다. 영어로 변경할 경우에 에러가 발생하는 경우에는 베트남어로 변경 후 다시 처음부터 결제단계를 진행해야 한다.

8. 카드상세정보를 입력한다.
9. [Payment]를 클릭하면 풍짱 버스 온라인 예매가 끝이 난다. 10분정도 지나면 이메일로 바우처가 날아온다. 인쇄를 하거나 핸드폰 화면에서 캡쳐를 해 놓으면 된다.

신 투어리스트(Shin Tourist)

베트남 버스 회사 중 가장 대표적인 회사라고 할 수 있다. 베트남 여행 산업의 신화라고 불리며 도시 간 이동에서 두각을 나타내는 버스회사로, 베트남뿐만 아니라 동남아시아에 여러 사무소가 있다. 또한 각 도시마다 즐길 수 있는 당일 투어를 신청할 수 있다.
온/오프라인 모두 버스 티켓을 구입할 수 있다. 가장 큰 장점은 버스 티켓을 구입하면 버스 출발까지 남은 시간에 사무실에서 짐을 보관해 주기 때문에 빈 시간을 활용할 수 있다.
3대 버스 회사는 신 투어리스트Shin Tourist, 풍짱 버스Futa Bus, 탐한 버스Tam Hanh Bus 등이지만 3대 버스 회사 외에 한 카페, Cuc Tour, Queen Cafe 등의 다양한 버스회사가 현재 운행 중이다.

신 투어리스트Shin Tourist 예약하는 방법(www.thesinhtourist.vn)

홈페이지에 접속한다. 홈페이지의 언어가 베트남어로 표시된다면 우측 상단의 영국 국기를 클릭해서 영문으로 변경한다.
1. 메뉴에서 [TRANSPORTATION 〉 Bus Tickets] 을 클릭한다.
2. 버스 시간표가 나오면 [Search] 버튼을 누른다.
3. 원하는 시간대에 [Add to Cart] → [Proceed]를 클릭한다.
4. 'Checkout as Guest'에서 [Continue]를 클릭한다.
5. 예약정보를 입력하고 [Accept] → 약관에 동의를 하고 [Confirm]을 클릭한다.
6. 신용카드 정보를 입력하고 [Process Payment]를 클릭하면 끝이 난다.

예약이 완료되면 이메일로 E-ticket이 오게 된다. 바우처를 사무실에서 실제 티켓으로 교환을 하는데, 간혹 결제 시 사용했던 카드를 함께 보여 달라는 경우도 있으니 카드를 챙기는 게 좋다.

버스 이동 간 거리와 시간

베트남은 남북으로 길게 해안을 따라 이어진 국토를 가지고 있어서 북부의 하노이[Hanoi]와 남부의 호치민[Ho Chi Minh]은 역사적으로나 문화적으로 다른 특징을 가지고 있었다. 프랑스의 식민지가 되면서 베트남이라는 나라로 형성되면서 현대 베트남의 기초가 만들어졌다. 호치민이 베트남전쟁을 통해 남북을 통일하면서 하나의 베트남이 탄생하게 되었다.

그러므로 베트남 전체를 여행을 하려면 남북으로 길게 이어진 도시들을 한꺼번에 여행하기는 쉽지 않다. 그래서 베트남 도시들은 북부의 하노이[Hanoi], 중부의 다낭[Da Nang], 중남부의 나트랑[Nha Trang], 남부의 호치민[Ho Chi Minh]이 거점도시가 된다. 이 도시들은 기본 도시로 약 12시간이상 소요되는 도시들로 베트남의 대도시라고 할 수 있다. 중간의 작은 도시들이 4~8시간을 단위로 묶여서 하루 동안 많은 버스들이 오고 가고 있다.

남부의 호치민[Ho Chi Minh]과 중남부의 나트랑[Nha Trang]은 10시간을 이동하는 도시로 해안을 따라 이동하므로 이동거리가 길지만 시간은 오래 걸리지 않는다. 하지만 호치민[Ho Chi Minh]에서 고원도시인 달랏[đà lạt]까지 거리는 짧지만 이동시간은 길다.

각 도시를 연결하는 버스들은 현재 4개 회사가 운행 중이지만 넘쳐나는 베트남 관광객으로 실제로는 더 많은 버스회사들이 운행을 하고 있다. 호치민에서 달랏, 무이네과 푸꾸옥에서 무이네, 달랏까지는 매시간 다양한 버스회사의 코치버스가 운행을 하고 있다.

베트남의 각 도시를 이어주는 코치버스는 일반적으로 앉아서 가는 버스도 있지만 이동거리가 길어서 누워서 가는 슬리핑 버스가 대부분이다. 예전에는 앉아서 가는 버스도 많았지만 점차 슬리핑버스로 대체되고 있는 상황이다.

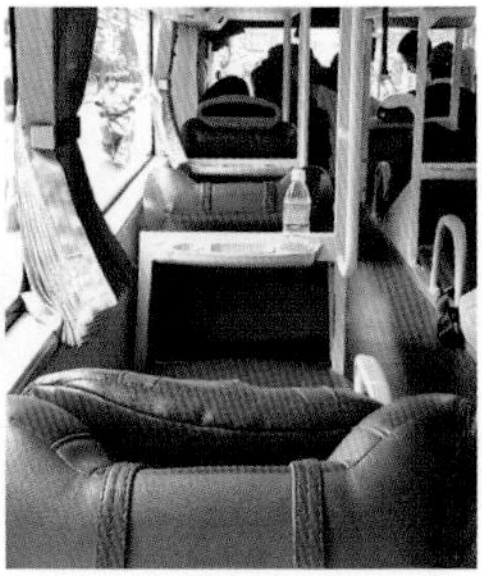

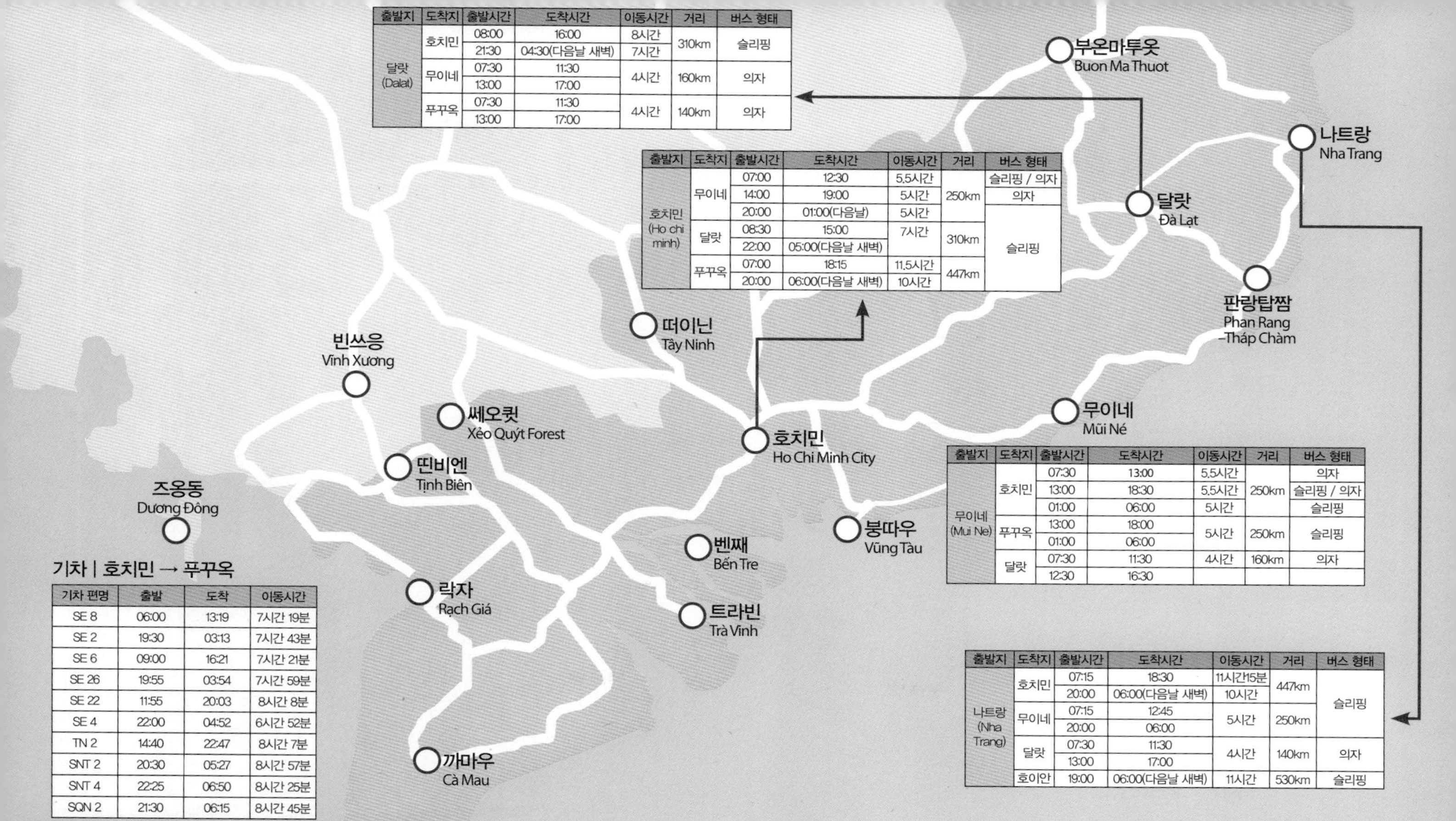

출발지	도착지	출발시간	도착시간	이동시간	거리	버스 형태
달랏 (Dalat)	호치민	08:00	16:00	8시간	310km	슬리핑
		21:30	04:30(다음날 새벽)	7시간		
	무이네	07:30	11:30	4시간	160km	의자
		13:00	17:00			
	푸꾸옥	07:30	11:30	4시간	140km	의자
		13:00	17:00			

출발지	도착지	출발시간	도착시간	이동시간	거리	버스 형태
호치민 (Ho chi minh)	무이네	07:00	12:30	5.5시간	250km	슬리핑 / 의자
		14:00	19:00	5시간		의자
		20:00	01:00(다음날)	5시간		슬리핑
	달랏	08:30	15:00	7시간	310km	
		22:00	05:00(다음날 새벽)			
	푸꾸옥	07:00	18:15	11.5시간	447km	
		20:00	06:00(다음날 새벽)	10시간		

출발지	도착지	출발시간	도착시간	이동시간	거리	버스 형태
무이네 (Mui Ne)	호치민	07:30	13:00	5.5시간	250km	의자
		13:00	18:30	5.5시간		슬리핑 / 의자
		01:00	06:00	5시간		슬리핑
	푸꾸옥	13:00	18:00	5시간	250km	슬리핑
		01:00	06:00			
	달랏	07:30	11:30	4시간	160km	의자
		12:30	16:30			

출발지	도착지	출발시간	도착시간	이동시간	거리	버스 형태
나트랑 (Nha Trang)	호치민	07:15	18:30	11시간15분	447km	슬리핑
		20:00	06:00(다음날 새벽)	10시간		
	무이네	07:15	12:45	5시간	250km	
		20:00	06:00			
	달랏	07:30	11:30	4시간	140km	의자
		13:00	17:00			
	호이안	19:00	06:00(다음날 새벽)	11시간	530km	슬리핑

기차 | 호치민 → 푸꾸옥

기차 편명	출발	도착	이동시간
SE 8	06:00	13:19	7시간 19분
SE 2	19:30	03:13	7시간 43분
SE 6	09:00	16:21	7시간 21분
SE 26	19:55	03:54	7시간 59분
SE 22	11:55	20:03	8시간 8분
SE 4	22:00	04:52	6시간 52분
TN 2	14:40	22:47	8시간 7분
SNT 2	20:30	05:27	8시간 57분
SNT 4	22:25	06:50	8시간 25분
SQN 2	21:30	06:15	8시간 45분

ABOUT
푸꾸옥

Phu Quoc

베트남 여행은 2018년 박항서 감독의 축구 성과를 기점으로 대한민국에서도, 베트남에서도 대한민국에 관심이 증가하면서 다른 동남아시아 국가보다 확고한 대세로 자리를 잡아가고 있다. 방학 기간에 인천공항은 북새통이다. 매서운 한파가 이어지는 겨울에 따뜻한 동남아시아는 특히 인기가 높다. 하지만 한번쯤은 가봤다는 베트남 다낭 말고 다른 데 없을까? 새롭게 뜨는 베트남의 휴양지 푸꾸옥Phu Quoc로 떠나보자.

새롭게 뜨는 베트남 여행지

전통적으로 인기가 있던 하노이, 다낭, 호치민을 넘어 남부의 나트랑Nha Trang이 대세 여행지로 자리를 잡더니 남부의 휴양지인 푸꾸옥Phu Quoc도 차츰 인기를 얻고 있다. 2018년, 베트남에 한국인 여행자가 250만 명이 방문했는데 계속 늘어날 전망이라고 한다.

저가 항공사의 신규 노선도 베트남에 집중되고 있다. 먼저 베트남의 저가항공인 비엣젯 항공이 베트남 남부의 푸꾸옥Phu Quoc으로 2018년 12월 22일부터 매일 취항을 시작했다. 이어서 국내 저가 항공사인 티웨이 항공이 운항을 시작했다.

제주항공과 다른 항공사도 운항을 준비 중이다. 아시아나항공은 여름(7~8월)과 겨울(12~3월)까지 인천~푸꾸옥 전세기를 띄우고 있다.

한겨울에도 해수욕을 즐기기 좋은 푸꾸옥(Phu Quoc)

베트남에서도 새롭게 뜨는 휴양지로, 리조트와 호텔이 속속 들어서고 있다. 베트남 다낭은 겨울에 바닷물이 차기 때문에 바닷물 속에서 오랜 시간을 놀기 힘들다. 하지만 남부의 휴양지인 푸꾸옥Phu Quoc은 해수욕을 즐기기 제격이다.

다양한 먹거리

다낭이나 푸꾸옥에 비하면 아직 관광 인프라가 부족하지만 관광객이 몰려들면서 푸꾸옥 먹거리는 많아지고 있다. 특히 야시장에서 신선한 해산물과 저렴한 길거리 음식을 꼭 맛보면 여행의 즐거움은 높아진다.

한적한 푸꾸옥

푸꾸옥Phu Quoc은 휴양지로 해변을 따라 있는 리조트나 호텔 등에서 한적한 해변을 즐기고, 불교 사원과 전통적인 어촌마을이 푸꾸옥Phu Quoc 섬 휴가의 매력을 더해준다. 한적한 해변에서 바다를 바라보면 그림 같은 보트여행을 베트남의 푸꾸옥Phu Quoc에서 즐길 수 있다.

아름다운 해변

'진주 섬'이라는 별명을 가진 아름다운 푸꾸옥Phu Quoc은 아름답게 반짝이는 바다와 야생적이면서 자연의 매력을 한껏 품고 있는 삼림으로 유명하다. 여행은 섬의 주요 마을인 즈엉동에서 시작한다. 활기찬 소도시는 어촌마을로 유명했지만 점차 다양하고 신선한 해산물을 관광객에게 공급하면서 활기를 찾았다.
낮에는 해변을 둘러보고, 해가 지면 북적이는 야시장을 구경하면 시간은 어느새 지나가 버린다. 해변 바에서 음료를 즐기고, 카우 사원의 환상적인 전망도 감상하면 좋은 추억을 가질 수 있다.

푸꾸옥에 끌리는 8가지 이유

순수한 자연경관

베트남에서 가장 저평가된 휴양지 중에 하나가 푸꾸옥이다. 푸꾸옥의 해변과 관광지는 아직 개발이 덜 된 상태이다. 동남아시아를 여행하더라도 개발과 관광객들이 벌써 점령해버린 다른 관광지와 다르게 푸꾸옥에는 아직까지는 순수하게 보존되어 있는 자연경관을 보게 된다. 그래서 다양한 경치를 감상할 수 있다.
아직은 한정된 장소만 여행하는 베트남이지만 베트남을 찾을수록 더욱 많은 해안과 지역의 베트남을 찾게 된다. 그 중에서 요즈음 가장 핫Hot하게 따라오는 곳이 푸꾸옥이다.

안전한 푸꾸옥

순수한 사람들이 사는 곳이 베트남이기 때문에 당연히 안전하다. 베트남은 동남아시아에서 가장 안전한 국가에 속한다. 푸꾸옥이 관광지라 여행하면서 안전하지 않을까 걱정이 된다면 안심해도 된다.

여행을 하다보면 안전에 민감해지는 나라도 있지만 베트남은 어느 도시나 마을을 가도 항상 안전하다. 베트남은 밤길에서도 두렵지 않다. 다만 불 꺼진 너무 어두운 지역은 무서울 때가 가끔씩 있다.

친절한 사람들

베트남에서 영어를 못할까봐 길을 물어 본다거나 어려움이 생겨 물어볼 때도 두려워할 필요가 없다. 친절하게 알려주고 영어를 모르면 영어를 아는 사람을 찾아 알려주는 사람들이니 두려움 없이 친근하게 다가가서 물어보자. 순수한 사람들과의 만남에 얼굴에는 웃음이 떠나지 않는다.

다양한 즐거움이 있다.

푸꾸옥에는 다이내믹한 즐거움이 곳곳에 있다. 만들어진 즐거움이 아니라 순순한 즐거움이 당신을 빠져들게 할 것이다. 또한 고급 휴양지로 개발이 되고 있는 푸꾸옥은 빈펄랜드를 비롯해 빈펄 사파리와 남부와 북부의 해양스포츠와 다양한 볼 것들이 즐비하다.

저렴하고 다양한 먹거리

여행에서 다양한 요리를 생각하지 않고 여행을 하던 시대는 지났다. 더군다나 베트남의 여행물가는 저렴하다. 아무리 베트남의 물가가 비싸졌다고 이야기를 해도 베트남의 물가가 저렴한 것은 사실이다. 조금 더 맛있고 고급스러운 레스토랑을 찾아도 너무 저렴하다고 이야기를 들은 기분에 또는 생각보다 비쌀 뿐이다. 거기다가 동남아시아의 다양한 과일과 쌀국수, 해산물 등 다양한 종류의 먹거리는 여행의 기분을 좋게 만든다.

순수한 사람들

베트남 사람들은 깨끗하다. 다른 나라 사람들이 더러워서 베트남 사람들이 깨끗한 것이 아니라 너무 순수해 사람들의 영혼이 깨끗한 모습으로 보인다. 관광객들이 늘어나고 발전이 진행되고 있어 베트남 사람들의 순수함이 사라질까 두려울 때가 있다. 그들의 순수함은 그대로 남아있었으면 좋겠다.

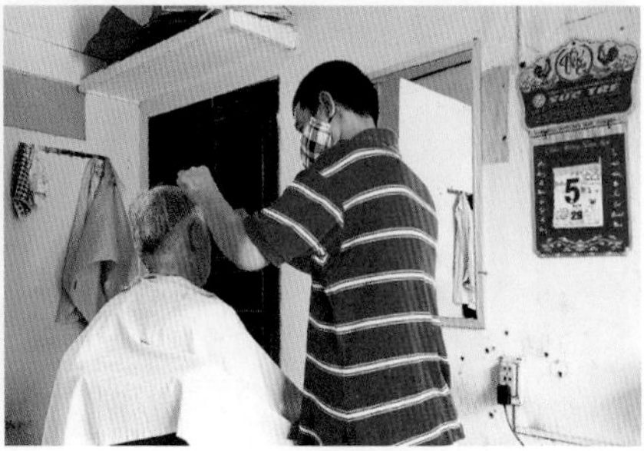

다양한 커피 맛과 여유

커피는 베트남 사람들의 생활에서 중요한 부분을 차지하고 있다. 대한민국에서 커피숍이 많지만 베트남은 대한민국보다 더 많은 커피숍이 있다. 게다가 세계에서 2번째로 커피 원두를 많이 재배하는 국가가 베트남이라는 사실은 이제 많이 알려져 있다. 19세기에 프랑스가 자국의 커피를 공급하기 위해 베트남에 커피를 처음 재배하기 시작했는데 전쟁 이후 베트남 정부가 대량으로 커피 생산을 시작했다. 그리고 1990년대부터 커피 재배가 확산되면서 이제는 연간 180만 톤 이상의 원두를 수확하고 있다.

베트남에 가면 사람들이 카페에서 플라스틱 의자에 앉아 아침이고 낮이고 커피를 마시는 모습을 볼 수 있다. 커피는 베트남 생활의 일부분이고 카페는 뜨거운 날씨로 힘들게 일한 사람들이 모여 잠시 쉬고 다시 일하는 곳이다. 직장인은 물론 엄마들의 수다장소뿐만 아니라 모든 연령대의 사람들이 모이는 장소이다. 베트남 사람들은 카페에서 앉아 힘든 생활에서 여유를 찾고 다시 일을 시작한다. 그러므로 다양한 맛의 커피를 즐길 수 있다.

발전하고 있는 여행서비스

베트남은 아직 개발 도상국이지만 개발이 급속도로 이루어지고 있다. 대한민국처럼 편리하지 않고 환전도 불편하고 신용카드를 사용할 곳도 많지 않지만 여행을 하기 편하도록 한 곳에 몰려있는 여행사부터 여행자거리가 조성되어 조금만 걸어 다니면 원하는 여행을 할 수 있다.

푸꾸옥 여행 잘하는 방법

공항에서 숙소까지 가는 이동경비의 흥정이 중요하다.

어느 도시가 되도 도착하면 해당 도시의 지도를 얻기 위해 관광안내소를 찾는 것이 좋다. 하지만 푸꾸옥Phu Quoc은 더 중요한 것이 항공기의 시간이다. 인천에서 출발하는 푸꾸옥Phu Quoc편을 운항하고 있는 항공의 대부분은 밤늦게 도착하기 때문에 관광안내소에는 아무도 없으므로 공항에 나오면 숙소로 이동하는 것이 중요하다. 인천에서 호치민으로 이동해 여행을 하고 국내선을 이용해 푸꾸옥Phu Quoc으로 이동하는 항공편은 매일 5편 정도의 항공노선이 운항하기 때문에 낮에 도착하는 항공편이 많아서 문제는 발생하지 않으나 항공비용이 더 비싸다. 그런데 이 숙소까지 이동하는 것이 대중교통은 없고 택시를 타야하기 때문에 바가지를 쓰지 않고 가는 것이 중요하다. 만약에 일행이 있다면 나누어서 택시비를 계산하면 되지만 혼자 온 여행자는 비용이 부담스러울 수도 있으니 흥정을 잘해야 한다.

차량공유 서비스인 그랩Grab을 사용하여 이동하는 것도 좋은 방법이다. 택시와 그랩Grab이 경쟁하면서 푸꾸옥Phu Quoc은 택시로 인해 바가지를 쓰는 경우가 많이 없어지고 있다. 푸꾸옥Phu Quoc, 즈엉동 시내에서 남쪽으로 약 30㎞정도 떨어져 있는 푸꾸옥 국제공항까지 350,000동이 최대 지불하는 가격이라고 판단하면 된다.

심카드나 무제한 데이터를 활용하자.

공항에서 시내로 이동을 할 때 택시보다는 그랩Grab을 이용하면 택시의 바가지를 미연에 방지할 수 있다. 저녁에 숙소를 찾아가는 경우에도 구글 맵이 있으면 쉽게 숙소도 찾을 수 있어서 스마트폰의 필요한 정보를 활용하려면 데이터가 필요하다.
심카드를 사용하는 것은 매우 쉽다. 매장에 가서 스마트폰을 보여주고 데이터의 크기만 선택하면 매장의 직원이 알아서 다 갈아 끼우고 문자도 확인하여 이상이 없으면 돈을 받는다.

달러나 유로를 '동(Dong)'으로 환전해야 한다.

공항에서 시내로 이동하려고 할 때 미니버스를 가장 많이 이용한다. 이때 베트남 화폐인 '동Dong'이 필요하다. 대부분 달러로 환전해 가기 때문에 베트남 화폐인 동Dong으로 공항에서 필요한 돈을 환전하여야 한다. 여행 중에 사용할 전체 금액을 환전하기 싫다고 해도 일부는 환전해야 한다.

시내 환전소에서 환전하는 것이 더 저렴하다는 이야기도 있지만 금액이 크지 않을 때에는 금액의 차이가 없다. 저녁 늦게 도착하면 환전소에서 환전을 할 수 없다. 차라리 필요한 택시비는 ATM을 이용해 베트남 돈으로 인출하는 것이 좋다. 달러를 가지고 갔다면 1, 5달러의 소액을 가지고 가면 이용이 가능하다.

공항에서 숙소까지 간단한 정보를 갖고 출발하자.

베트남 푸꾸옥Phu Quoc은 시내까지 택시, 그랩Grab을 이용해야 한다. 버스를 관광객이 사용하지는 않는다. 저렴한 택시비로 이내 푸꾸옥Phu Quoc 시민이 아니면 관광객은 버스 노선도 모르기 때문에 사용할 경우는 거의 없다.

같이 여행하는 인원이 3명 이상이면 공항에서 택시를 활용해 여행하기가 불편하지 않다. 최근에 택시비가 그랩Grab보다 저렴한 경우도 발생하고 있다. 고객이 부족한 택시들은 어느 정도 가격만 맞으면 운행을 하고 있어서 바가지를 쓰지 않는다.

'관광지 한 곳만 더 보자는 생각'은 금물

배트남 푸꾸옥Phu Quoc은 쉽게 갈 수 있는 해외여행지이다. 물론 사람마다 생각이 다르겠지만 평생 한번만 갈 수 있다는 생각을 하지 말고 여유롭게 관광지를 보는 것이 좋다. 한 곳을 더 본다고 여행이 만족스럽지 않다. 자신에게 주어진 휴가기간 만큼 행복한 여행이 되도록 여유롭게 여행하는 것이 좋다. 서둘러 보다가 지갑도 잃어버리고 여권도 잃어버리기 쉽다. 허둥지둥 다닌다고 푸꾸옥Phu Quoc을 한 번에 다 볼 수 있지도 않으니 한 곳을 덜 보겠다는 심정으로 여행한다면 오히려 더 여유롭고 만족도도 더 높을 것이다.

아는 만큼 보이고 준비한 만큼 만족도가 높다.

푸꾸옥Phu Quocg의 관광지는 베트남과 캄보디아의 역사와 관련이 있다. 그런데 아무런 정보 없이 본다면 재미도 없고 본 관광지는 아무 의미 없는 장소가 되기 쉽다.
2박3일이어도 푸꾸옥Phu Quoc에 대한 정보를 습득하고 여행을 떠나는 것이 좋다. 아는 만큼 만족도가 높은 여행지가 푸꾸옥Phu Quoc이다.

감정에 대해 관대해져야 한다.

베트남은 팁을 받는 레스토랑이 없다. 그런데 난데없이 팁을 달라고 하거나, 계산을 하고 나가려고 하는 데 붙잡아서 계산을 하라고 한다거나, 다양한 경우로 관광객에게 당혹감을 주는 경우가 있다. 그럴 때마다 감정통제가 안 되어 화를 계속 내고 있으면 짧은 푸꾸옥Phu Quoc 여행이 고생이 되는 여행이 된다. 그러므로 따질 것은 따지되 소리를 지르면서 따지지 말고 정확하게 설명을 하면 될 것이다.

P • H • U • Q • U • O • C

푸꾸옥 여행에 꼭 필요한 INFO

간단한 베트남 역사

기원전 2000년경~275년 경 최초 국가인 반랑국이 건국되다

베트남 민족의 아버지로 불리는 훙 브엉이 홍 강 삼각주 지역에 반랑국을 세웠다. 반랑국은 농업을 기반으로 세운 베트남 최초의 국가였다. 기원전 275년 안 즈엉 브엉이 반랑국을 멸망시키고 어우락 왕국을 세웠다.

기원전 275년 경~기원후 930년 경 중국의 지배

중국 진나라 장수였던 찌에우 다가 중국 남부에 남비엣을 세웠는데 중국이 한나라가 쳐들어와 멸망했다. 그 후 베트남은 약 천 년간 중국의 지배를 받아야 했다. 베트남인들은 중국에 맞서 저항을 했지만 천 년동안 지배를 받을 수 밖에 없었다.

1800년 경~1954년 프랑스의 지배

1802년 응웬 아잉이 레 왕조를 무너뜨리고 응웬 왕조를 세웠다. 이 무렵 베트남의 산물과 무역로를 노린 프랑스의 공격이 시작되고 1884년에 베트남 전 국토가 프랑스에 넘어간다. 핍박을 견뎌 내며 독립을 향한 열의를 다졌다. 이때 나타난 호 찌민은 군대를 조직해 프랑스 군대를 공격하고 1954년 디엔비엔푸 전투를 승리롤 이끈 베트남은 프랑스를 몰아내고 독립을 되찾았다.

1954년~1976년 미국의 야심에 저항하다

베트남은 독립 후 북위 17도선을 경계로 남과 북으로 갈렸다. 남쪽에는 미국이, 북쪽에는 지금의 러시아인 소련과 중국의 지원이 이어졌다. 1965년 미국이 베트남 북쪽 지역을 공격하면서 전쟁이 시작되었다. 끈질긴 저항 끝에 베트남의 승리로 미국은 베트남에서 물러났다.

1976년~1985년 경제의 몰락

전쟁으로 온 나라가 폐허가 된 베트남은 경제를 살리는 게 최우선 과제였지만 미국의 경제 봉쇄로 경제는 낙후된 상태가 이어졌다.

1985~현재

1985년 새롭게 바꾼다라는 뜻의 '도이머이 정책'을 실시하면서 부지런함과 끈기를 내세워 선진국의 투자를 이끌어내면서 2000년대에 급속한 발전을 이어온 베트남은 동남아시아를 대표하는 경제 성장 국가가 되어 가고 있다.

푸꾸옥의 역사

1760~1780년대

프랑스 선교사인 피그네우 드 베하이네Pigneau de Behaine가 푸꾸옥Phu Quoc 섬을 1760~1780년대에 걸쳐 타이 손Tây Sơn 군대를 위한 기지로 사용했다.

1856년 11월 25일

나폴레옹 3세에게 베트남과 프랑스, 스페인과의 전쟁이 시작되자 캄보디아 지역이었던 코트롤Koh Tro(푸꾸옥의 옛 이름)은 수십 년간 베트남의 일부로 바뀌었다. 앙 두옹Ang Duong은 프랑스 황제에게 푸꾸옥의 일부분을 베트남으로 편입하지 말 것을 요청했다.

1867년

푸꾸옥Phu Quoc의 하이 티엔Hà Tiên을 정복당한 프랑스 군대에 충성을 맹세했다.

1939년

프랑스의 인도차이나 총독이었던 쥘 브레 비예Jules Brévié는 타이 만의 섬에 대한 행정 경계를 정하기 위해 국경의 선을 그었다. 선의 북쪽은 캄보디아 보호령 아래에 있었고, 선의 남쪽은 코친차이나Cochinchina의 식민지에 의해 관리되었다. 그 결과 푸꾸옥Phu Quoc은 코친차이나Cochinchina 행정부 아래 남아 있게 되었다. 후에 코친차이나Cochinchina의 주권은 베트남으로 넘겨졌고 프랑스가 떠난 후에도 그대로 남아있었다.

1949년

중국 본토가 1949년 중국 공산당의 통제 하에 들어가자 후앙 치에Huang Chieh 장군은 후난 성에서 베트남에 이르는 33,000명 이상의 중국 공산당 병력을 이동시켜 푸꾸옥Phu Quoc에 주둔시켰지만 군대는 1953년 6월에 대만으로 이주했다.

1953~1975년

푸꾸옥Phu Quoc 섬은 푸꾸옥Phú Quốc 교도소라고 알려진 남부 베트남에서 가장 큰 수감자 수용소(약 4만 명)를 수용했다.

1975년 5월 1일

크메르 루즈 군대가 습격하여 푸꾸옥Phu Quoc을 점령했지만 베트남이 다시 점령하였다.

1979년~현재

캄보디아와 베트남간의 전쟁으로 확대될 상황에 이르렀다. 캄보디아는 1976년에 푸꾸옥Phu Quoc에 대한 주장을 철회하였다. 그러나 두 나라의 정부 사이에 푸꾸옥Phu Quoc 섬을 포함하는 논쟁은 계속되고 있다.

영토 분쟁

푸꾸옥(Phu Quoc) 섬은 베트남보다 캄보디아 육지에서 더 가까운 섬으로, 캄보디아가 영유권을 주장하고 있다. 섬의 영유권 분쟁은 크메르 루주의 민주 캄푸치아시기에 베트남과 캄보디아 사이에 전쟁이 일어나는 원인 중 하나이기도 했다.

전쟁에서 패한 캄보디아에 세워진 베트남의 괴뢰국가인 캄푸치아 인민 공화국은 푸꾸옥(Phu Quoc)을 베트남 영토로 인정하였다. 현재 캄보디아는 이 조약을 무효로 보고 있지만, 베트남보다 국력이 약해 적극적인 영유권 주장은 하지 못하고 있다.

베트남의 현주소

'포스트 차이나'로 불리는 베트남의 2018년 GDP 성장률은 10년 만에 최고치인 7.08%를 기록했고, 올해도 6.9~7.1%의 고성장을 이어갈 것으로 전망한다. 1980년대 100$ 안팎에 그쳤던 1인당 국내총생산(GDP)이 2008년 1,143$로 증가해 중간소득 국가군에 진입했다. 덕분에 연평균 6.7%의 고성장을 계속해 베트남은 지속적으로 경제성장률이 유지되면서 2018년에는 1인당 GDP가 2,587$로 뛰었다.

'도이머이'는 바꾼다는 뜻을 지닌 베트남어 '도이'와 새롭다는 뜻인 '머이'의 합성어로 쇄신을 뜻하는 단어이다. 1986년 베트남 공산당 제6차 대회에서 채택한 슬로건으로 토지의 국가 소유와 공산당 일당 지배체제를 유지하면서 시장경제를 도입하여 경제발전을 도모하기로 한 역사적인 사건으로 응우옌 반 린 당시 공산당 서기장이 주도했다. 1975년 끝난 베트남전에 이어, 1979년 발발한 중국과의 국경전쟁, 사회주의 계획경제의 한계에 따른 식량 부족과 700%가 넘는 살인적인 인플레이션 상황이 초래되자 베트남은 새로운 돌파구가 필요했다

당시 상황은 '개혁이냐, 죽음이냐'라는 슬로건이 나올 정도로 절박한 상황으로 개혁은 선택이 아닌 필수였다. 1980년대 초 일부 지방의 농업 분야에서 중앙정부 몰래 시행한 할당량만 채우면 나머지는 농민이 갖는 제도인 '도급제'가 상당한 성과를 거둔 전례가 있었기 때문에 '도이머이' 도입을 가능하게 한 요인이었다.

쇄신의 길을 택한 베트남은 1987년 외국인 투자법을 제정해 적극적인 외자 유치에 나섰다. 1989년 캄보디아에서 군대를 완전히 철수하고, 중국에 이어 미국과의 관계를 정상화하고 국제사회의 제재에서 벗어난 것도 실질적인 '도이머이'를 위한 베트남의 결단이었다. 베트남은 1993년 토지법을 개정해 담보권, 사용권, 상속권을 인정했고, 1999년과 2000년에는 상법과 기업법을 잇달아 도입해 민간 기업이 성장하는 길을 닦았다.

베트남과 대한민국의 비슷한 점

끈질긴 저항의 역사

중국에 맞서 싸우다

베트남은 풍요로운 나라이지만 풍요 때문에 중국의 지배를 받아야 했었다. 약 2천 년 전, 중국을 다스리던 한 무제가 동남아시아로 통하는 교역항을 차지하기 위해 베트남에 군대를 보내 정복하고 약 천년 동안 중국의 지배를 받았다. 중국 군대를 몰아내는 데 앞장선 쯩 자매는 코끼리를 타고 몰아냈다. 기원 후 40년 경, 베트남은 중국 한나라의 지배를 받았는데 쯩 자매중 언니의 남편이 한나라 관리에게 잡혀 억울하게 죽자 쯩 자매는 사람들을 이끌고 한나라 군대와 맞서 싸웠다. 한나라를 완전히 몰아내지는 못했지만 쯩 자매는 지금도 베트남 사람들의 영웅으로 전해 내려오고 있다.

중국의 지배를 받으면서 한자와 유교가 베트남에 널리 퍼지게 되면서 중국 문물을 배우는 데에 부지런했다. 유교에서는 부모를 정성스레 모시고, 이웃과 돈독히 지내고, 농사지은 것을 거두어들이면 조상에게 감사 제사를 지내라고 가르쳤다. 농사를 지으며 대가족이 모여 사는 베트남 사람들의 생활과 잘 맞았다. 농사를 지으려면 일손이 필요하고, 이웃과 서로 도우며 지내야 한다. 지금도 베트남 곳곳에는 유교 문화의 흔적들이 많이 남아 있다.

중국의 지배를 받을 때 중국 관리들과 상인들이 와서 행정문서와 교역문서를 한자로 기록하면서 문자가 없었던 베트남 사람들은 한자를 쓰기 시작했다. 나중에 프랑스의 지배를 받으면서부터 한자 대신 알파벳 문자를 쓰기 시작했다.

프랑스에 맞서 싸운 역사

1858년~1884년	프랑스가 베트남 공격
1927년~1930년	호치민을 비롯한 베트남 지도자들은 저항 조직을 만들어 프랑스에 맞서 싸우기 시작
1945년	호치민은 프랑스가 잠시 물러간 틈을 타 하노이에서 베트남 민주 공화국

디엔비엔푸 전투

1953년 베트남 북부 디엔비엔푸에서 베트남군과 프랑스군이 전투를 벌여 다음해인 5월까지 이어진 전투에서 베트남군은 승리를 거두고 프랑스군을 몰아냈다.

수립을 선포했다. 하지만 프랑스는 이를 인정하지 않아 다시 전쟁이 시작되었다.

1954년 프랑스 군대가 있던 디엔비엔푸를 공격하여 크게 승리한 베트남은 마침내 독립을 이뤄냈다.

남북으로 갈라진 베트남

베트남은 남과 북으로 나뉘었다가 사회주의 국가로 통일을 이루었다. 베트남이 사회주의 국가가 되기까지 복잡한 역사적 배경이 있다. 과거 프랑스의 지배를 받았던 베트남은 독립을 위해 프랑스와 전쟁을 벌였다. 오랜 전쟁 끝에 1954년 제네바 협정이 열렸고, 프랑스는 베트남에서 물러났다. 1954년 제네바 협정결과 북위 17도선을 경계로 남과 북으로 분단이 되었다. 남쪽에는 민주주의 정권이, 북쪽에는 공산주의 정권이 세워졌다.

베트남은 이후 1976년 북베트남이 남베트남을 장악한 미국과 벌인 전쟁에서 승리하면서 통일을 이루었다. 미국은 약 50만 명이 넘는 군인을 북베트남에 보내고 엄청난 폭탄을 쏟아 부었지만 강한 정신력으로 미국에 맞서면서 10년을 싸워 1976년에 미국은 물러났다.

베트남 음식 Best 10

베트남은 남북으로 길게 이어진 국토를 가지고 있어 북부와 중, 남부는 다른 특성을 가지고 있지만 음식은 하노이의 음식이 퍼져나간 경우가 많다. 베트남 여행에서 쌀국수를 비롯해 다양한 음식을 맛보는 것은 여행의 또 다른 즐거움이다.

6개월 가까이 그들의 음식을 매일같이 먹으면서 맛의 차이를 느껴보는 경험은 남들과 다른 베트남 여행의 묘미였다. 그래서 길거리에 목욕의자를 놓고 아침에 먹는 쌀국수는 특히 잊을 수 없다. 베트남에서 한번쯤은 길거리에 앉아 그들과 함께 먹는 음식으로 베트남을 조금 더 이해할 수 있을 것이다.

포(Phở)

누가 뭐라고 해도 베트남 음식 중 1위는 쌀국수를 뜻하는 포Phở이다. 베트남하면 쌀국수가 떠오를 정도로 쌀국수는 베트남 서민들이 가장 좋아하면서도 가장 많이 먹는 음식이다. 포Phở는 끓인 육수에 쌀로 된 면인 반 포Bánh phở를 넣고 소고기나 닭고기, 해산물을 넣는다.

베트남 전통 쌀국수에서는 라임과 고수가 빠지지 않고 오뎅, 닭고기, 돼지고기, 소고기 등. 쌀국수에 들어가는 식재료에 따라 종류도 무척 다양해졌다. 북부 베트남에서 시작되어 현재 포Phở는 수도인 하노이뿐만 아니라 베트남, 아니 전 세계에서 가장 유명한 음식이 되었다. 길거리 어디서나 포Phở를 판매하는 곳을 볼 수 있다. 맛도 한국에서 판매하는 쌀국수와는 다르다. 베트남 음식의 홍보대사라고 할 수 있다.

미꽝(MI Quáng)

베트남 중부의 대표적인 쌀국수로 넓은 면발에 칠리, 후추, 피시소스에 땅콩가루를 얹어서 나온다. 국물이 상대적으로 적어서 국물을 먹는 것이 아니고 면발에 국수가 스며들어가서 나오는 맛이 중요하다. 국물이 적은 이유도 면발에 흡수되려면 진한 국물이 필요하기 때문이다.

분짜(Bún ch)

전 미국대통령인 오바마가 하노이를 방문해서 먹은 음식으로 더 유명해진 분짜Bún chả는 대한민국에서도 최근 분짜Bún chả를 판매하는 식당이 인기를 끌고 있을 정도로 우리에게도 친숙해졌다. 하노이 음식들이 베트남에서 생겨난 경우가 많은 데 분짜Bún chả도 그 중 하나이다. 숯불에 구운 돼지고기를 면, 채소와 함께 달콤새콤한 소스에 찍어먹으면 맛이 그만이다. 분짜Bún chả는 누구든 좋아할 수밖에 없는 요리인데 베트남인들이 쌀국수와 함께 가장 즐겨먹는 음식이기도 하다.

반 쎄오(Bánh xèo)

무이네 반세오

북부 반세오

쌀 반죽을 구운 베트남식 부침개인 반 세오Bánh xèo는 tvN 〈신서유기〉를 통해 방영되면서 주목을 끌기도 했는데 베트남 음식에서 빠질 수 없는 음식이다. 베트남 쌀가루 반죽옷 안에 각종 야채와 고기, 해산물이 들어가 있는 일종의 부침개, 영어로는 '크레페'라고 할 수 있다.쌀가루, 밀가루, 숙주나물, 새우, 돼지고기를 이용하여 팬에 튀긴 베트남 스타일로 바뀐 작거나 큰 크레페이다. 얼마 전 tvN 〈짠내투어〉에서 북부의 반 세오Bánh xèo는 대한민국의 부침개처럼 크고 중, 남부의 반 세오Bánh xèo는 한입에 넣을 수 있도록 작게 만든 것으로 차이점이 소개되기도 했다.

다른 수많은 베트남 음식들처럼 반 세오Bánh xèo는 새콤달콤한 느억맘 소스에 찍어 먹는다. 반 세오Bánh xèo를 노랗게 만드는 것은 계란이라고 생각하는데 원래는 강황이다. 단순한 음식이지만, 쌀국수와 더불어 중, 남부 베트남 사람들이 가장 즐겨먹는 음식이다.

반 베오(Bánh Bèo)

소스 그릇처럼 작은 곳에 찐 쌀떡이 있고 그 위에 새우가루나 땅콩가루, 돼지고기 등을 얹어 먹는 음식으로 중, 남부에서 주로 먹는다. 처음 베트남에 여행을 가면 반 세오Bánh xèo와 이름이 비슷해 혼동하지만 음식은 전혀 다르다.

반미(Bánh mì)

베트남어로 빵을 뜻하는 반미Bánh mì는 한국에도 성업인 음식점이 있을 정도로 잘 알려져 있다. 반미Bánh mì에는 프랑스의 지배를 받은 영향이 그대로 녹아있는데, 겉은 바삭하고 속은 상큼하면서도 아삭한 맛을 즐길 수 있는 바게뜨가 베트남 스타일로 바뀐 음식이다. 수십 년 만에 반미Bánh mì는 다른 나라의 음식을 넘어 세계 최고의 거리 음식 명단에 오르면서 바게뜨의 명성을 위협하고 있다.

프랑스의 바케뜨 빵에 각종 야채와 고기를 넣고, 고수도 함께 넣어 먹는 베트남 반미Bánh mì를 맛본 관광객들은 반미Bánh mì 맛에 대해 칭찬을 아끼지 않는다. 서양의 전통 햄버거나 샌드위치보다 더 맛있다고 할 정도이다. 반미Bánh mì 맛의 핵심은 바삭한 겉 빵의 식감과 고기, 빠떼Pate, 향채 등 다양한 속 재료들이 어우러져 씹었을 때 속에서 전해오는 부드러움이 먹는 식욕을 자극하기 때문이다.

꼼 땀 수언 누엉(Bơm tấm sườn nướng)

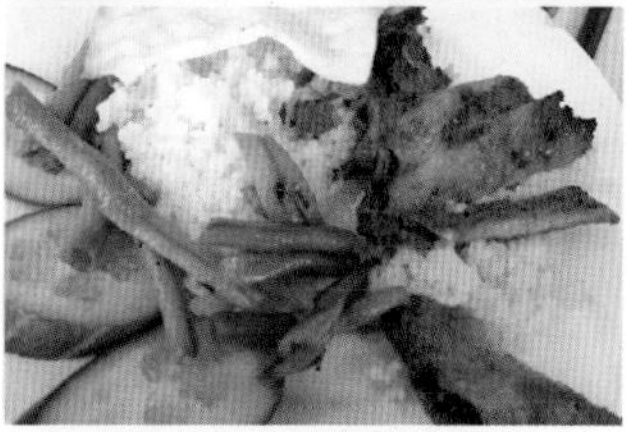

아침이나 점심 때 무엇인가를 싸들고 가는 비닐봉지에 싸인 음식이 궁금해서 따라 먹어본 음식이 있다. 쌀밥Cơm tấm에 구운 돼지갈비, 짜chả(고기를 다져서 찌거나 튀긴 파이), 돼지 껍데기, 계란 후라이가 한 접시에 나오는 단순한 음식인데 이 맛이 식당마다 다 다르다.

구운 돼지갈비 밥인 꼼 땀 수언 누엉Cơm tấm sườn nướng은 베트남 남부의 대표요리로 과거에는 아침에 먹었다고 하나 지금은 아침보다 점심에 도시락처럼 싸들고 사가는 음식에 더 가깝다. 저자가 베트남에서 매일 먹는 음식이기도 하여 친숙하다. 그리고 지역마다 현지인들의 맛집이 있기 때문에 꼭 맛집을 찾아서 먹으러간다. 맛의 차이는 쌀밥과 돼지고기를 어떻게 구워 채소와 같이 먹느냐의 차이이다. 남부에서만 먹는 음식이 아니고 베트남 전국적으로 바쁜 현대인들에게 잘 어울리는 음식 중 하나다.

넴(Nem rán)

베트남 넴Nem rán은 라이스페이퍼Bánh tráng에 여러 재료를 안에 넣어 돌돌 말아 튀긴 튀김 롤이다. 튀긴 후에 속 재료의 맛을 그대로 간직하고 있어서 갓 만든 뜨거운 넴 1개를 소스에 찍어 한 입 베어 물면 바삭한 껍질과 함께 속의 풍미가 재료와 함께 어우러져 목으로 넘어온다. 명절이나 생일잔치에도 빠지지 않고 나오는 베트남 음식의 핵심이라고 할 수 있다. 우리가 먹는 튀긴 롤과 다르지 않아서 대한민국 사람들도 쉽게 손이 가는 음식이다.

고이 꾸온(Gỏi cuốn)

손으로 먹는 베트남 음식의 특성이 가장 잘 나타나는 음식이 쌈이다. 북부, 중부, 남부 할 것 없이 다양한 종류의 스프링 롤인 고이 꾸온Gỏi cuốn은 넴Nem rán과 더불어 손으로 먹는 음식을 가장 위생적으로 먹기 위해 만들어진 것이다. 가장 선호하는 베트남 음식 리스트에 올라와 나트랑이나 무이네, 달랏에 여행을 간다면 한 번은 꼭 맛봐야 한다.

부드러운 라이스페이퍼에 채소와 고기, 새우 등을 넣어 말아내 입에 들어가면 깔끔한 맛으로 여성들에게 인기가 높다. 새우, 돼지고기, 고수를 라이스페이퍼Bánh tráng에 싸서 새콤한 느억맘 소스에 찍어 먹을 때 처음 전해오는 새콤함과 달콤함이 어우러진 맛이 침이 넘어오게 만든다.

포 꾸온(Phở cuốn)

월남쌈이라고 생각하면 쉬운 음식으로 하노이가 자랑하는 요리이다. 간단하고 쉽게 만들 수 있는데 보기에도 좋아 먹기에 수월하다. 라이스페이퍼에 새우, 돼지고기나 소고기 등을 넣고 돌돌 말아 약간 물에 적신 후에 소스를 찍어먹으면 더욱 맛있다. 고기의 신선한 육즙은 야채와 느억맘 소스의 새콤달콤 맛과 어울려져 기가 막힌 맛을 만들어 낸다. 포 꾸온Phở cuốn은 베트남을 넘어 외국 관광객에게도 유명한 요리가 되었다. 화려하지는 않지만 정갈한 음식이기에 베트남 음식의 정수가 다 담겨진 음식이라 할 수 있다.

꼼 티엔 하이 싼(Com chiên hải sản)

한국과 베트남 모두 유교에 영향을 받은 유사한 문화를 가져서 그런 것인지는 모르겠지만 베트남의 해산물 볶음밥은 우리가 주위에서 먹는 해산물 볶음밥과 다를 것이 없다. 그도 그럴 것이 쌀밥, 해산물, 계란 등의 비슷한 재료에 소스도 비슷하여 만들어진 볶음밥은 우리가 먹는 볶음밥과 다를 것이 없다.

까오러우(Cao Lầu)

까오러우Cao Lầu는 베트남 중부에 위치한 작은 도시인 호이안의 대표 국수이다. 일본의 영향을 받아 일반 쌀국수보다 면발이 우동에 가깝고, 쫀득하고 두꺼운 면발의 면에 간장 소스 등으로 간을 한 돼지고기, 각종 채소와 튀긴 쌀 과자를 올려 먹는다. 노란 면발과 진한 육수는 중부 지방 음식의 특색인 듯하다. 그릇마다 소중하게 담겨져 까오러우Cao Lầu를 한 번 맛본 사람이라면 다시 먹고 싶은 맛이다.

분보남보(Bún bò Nam Bộ)

분보남보는 한국의 비빔면과 비슷한 하노이의 비빔국수이다. 신선한 소고기에서 배어난 육즙과 소스, 함께 씹히는 고소한 땅콩과 야채들이 어우러져 구수한 맛을 한꺼번에 즐길 수 있다. 대부분의 면을 뜨거운 육수와 같이 먹는 것과 다르게 분보남보에는 쌀국수에 볶은 소고기, 바삭하고 시원한 숙주나물, 볶은 땅콩, 다양하고 신선한 야채들을 넣고 마지막에 새콤달콤한 '느억 맘(베트남 전통 생선발효액 젓)'을 자신의 입맛에 맞도록 부어 먹는 베트남 스타일의 비빔면이다. 중부의 미꽝과 더불어 가장 대중적인 음식으로 알려져 있다.

한국인이 특히 좋아하는 베트남 음식

봇찌엔(Bot chien)

봇찌엔은 베트남 길거리에서 흔히 만날 수 있는 음식으로 쌀떡을 기름에 튀기고 부친 계란과 채를 썰은 파파야를 함께 올려 먹는다. 고소한 계란과 상큼한 파파야 맛이 같이 우러나온다. 역시 마지막에는 느억맘소스(생선을 발효시켜 만든 소스)를 뿌려서 버무리고 먹는 맛이 최고이다.

에그커피

에그커피는 하노이의 카페에서 개발하여 현재는 관광객에게 꽤 유명해졌다. 달걀이 커피 안에 들어가 있어 크림처럼 부드러운 에그커피가 각종 TV프로그램에 소개되면서 특히 대한민국 여행자에게 유명하다. 마시기보다 푸딩처럼 떠먹는 것이 어울린다.

우리가 모르는 베트남 사람들이 즐겨 먹는 음식

숩 꾸어(S□p cua)

보양음식으로 알려져 아플 때면 더욱 찾는 음식이다. 게살스프로 서양에서 들어온 음식이 베트남스타일로 변형된 것이다. 이후 게살스프가 보편화되면서 사람들의 입맛에 맞게 되었다.

라우 무옹 싸오 또이(Rau muống xào tỏi)

마늘로 볶는 '모닝글로리'라고 부르는 공심채는 베트남인들에게 익숙한 야채이다. 마늘로 볶은 간단한 요리지만 식성을 돋구는 음식이다. 기름에 마늘을 볶아 마늘향이 퍼지면 모닝글로리를 넣고 같이 볶아준다. 우리의 입맛에도 제법 어울리는 요리이다.

베트남 라면

베트남은 500개 이상의 라면 상품이 경쟁하는 라면 소비국이다. 베트남의 총 라면 소비량은 50억 6천만 개로 세계에서 5번째로 라면 소비를 많이 하고 있다. 연간 1인당 라면 소비량은 1위인 대한민국이 73.7개에 이어 53.5개인 베트남이 2위이다. 베트남은 봉지라면 시장이 컵라면 시장보다 압도적으로 높았지만 최근에 편의점 증가로 컵라면 소비가 증가할 것으로 전망하고 있다.

하오하오(Hao Hao)

베트남 사람들에게 가장 사랑받는 라면 브랜드는 하오하오Hao Hao라고 한다. 1993년 베트남 라면시장에 진출한 일본의 에이스쿡 베트남Acecook Vietnam은 하오하오Hao Hao 브랜드를 포함한 라면 브랜드를 만들어내면서 베트남 라면시장의 절대 강자로 알려져 있다.

하오하오(Hao Hao)의 다양한 라면들

새우라면

새우 라면은 "Hao Hao Tom chua cay"라고 써 있다. 'Tom chua cay'은 새콤하고 매운 새우 라면이라는 뜻으로 베트남을 여행하는 한국인 관광객에게 가장 인기 많은 라면이다. 라면을 맛보면 고수 맛과 신맛이 느껴지는 전형적인 베트남 라면이다. 국물은 조금 매콤하고 면발은 쫀득쫀득한 느낌이 든다.

돼지고기라면

돼지고기라면은 'Thit bam bi đo'이라고 적혀있다. 잘게 썰어진 돼지고기가 들어가 있는데, 개인적으로 베트남 라면 중에서 가장 좋아하는 맛이다. 투명한 봉지 안에 돼지고기 국물 맛을 내기 위해 들어있는 소스에서 참기름 같은 냄새가 나서 고소한 맛이 느껴진다. 면발이 탱글탱글하게 유지되어 더 맛있게 느낀다. 맵지 않고 돼지고기 같은 진한 국물이 느껴져 무난하게 추천할 수 있는 라면이다.

일본에서 온 기업이 일본의 기술로 안전하고 위생적으로 만든 제품이라는 점을 부각시키면서 베트남 소비자들에게 크게 다가왔기 때문이다. 저렴한 제품가격으로 시장경쟁력을 높이고 성공을 거두었으나 48.2%에 달하던 시장 점유율이 최근에 32.2%까지 떨어졌다. '새우 향이 들어간 시고 매운 맛vi tom chua cay'의 제품을 가장 먼저 출시했고, 변화하는 현지의 라면 트렌드에 맞춰 다양한 맛과 향의 제품을 개발해 현재 7가지 맛의 하오하오Hao Hao 라면이 출시되어 있다.

오마치(Omachi)

프리미엄 라면 시장에는 마산Masan이 코코미Kokomi⊠ 친수Chinsu⊠ 브랜드를 출시했으나, 시장에서 호응을 얻지 못했다. 오랜 연구개발 끝에 오마치Omachi가 성공을 거두었다. 베트남 사람들은 밀가루가 함유된 음식을 많이 섭취하면 신체의 온도가 높아져 피부 트러블이 생기므로 건강에 해롭다는 인식이 라면 소비를 꺼리게 만드는 원인이었다. 감자전분으로 만든 라면 오마치Omachi는 '맛있으면서 열도 나지 않는다Ngon ma khong so nong(응온 마 콤 써 놈)' 문구로 베트남 인들을 사로잡았다.

짝퉁 라면 하오 항(Hao Hang)

기존의 라면보다 작은 크기로 포장돼 나오는 하오하오Hao Hao 디자인을 아시아 푸즈Asia Foods사가 도용해 유사 라면인 하오 항Hao Hang을 만들어 일시적으로 성공을 거두었으나 소비자의 외면을 받으면서 현재 생산을 중단한 상태이다.

쇠고기 쌀국수

비폰(Vifon)

'Thit Bo'는 '쇠고기'라는 뜻으로 비폰Vifon의 쇠고기 쌀국수는 베트남 마트에서 인기가 많은 쌀국수로 알려져 있다. 비폰Vifon의 쇠고기 쌀국수는 베트남 식당에서 파는 쌀국수의 맛과 비슷하게 만들기 위한 흔적이 보인다.

쌀국수 면과 쇠고기, 분말스프, 소스를 넣어 국물을 만드는 스프와 칠리소스, 채소가 들어가 있다. 쌀국수 면이 넓고 두꺼워 골고루 익을 수 있도록 1~2분 정도 더 시간을 두고 나서 먹으면 더욱 맛이 좋다.

마이 마이 포 보(Nho Mai Mai Pho Bo)

에이스쿡Acecook은 '오래가는 기억Nho Mai Mai Pho Bo'이라는 문구로 소비자에게 어필을 하고 있다. 오래 간직할 수 있는 베트남의 전형적인 쌀국수 맛을 담도록 만들었다. 비폰Vifon의 쌀국수가 소고기 맛이 진하게 느껴진다면 에이스쿡Acecook의 쌀국수는 피시소스 맛이 느껴지는 것이 차이점이다.

포24(Pho24)

포24PHO24는 베트남에서 유명한 쌀국수 체인점이다. 대표적인 베트남의 쌀국수를 집에서도 간단하게 조리해 먹을 수 있도록 개발되었다. 포24Pho24의 쌀국수에는 체인점과 동일하게 채소, 쌀국수 면, 국물을 그대로 담도록 노력했다고 한다.

양념도 4가지나 들어가 있어서 개인적인 입맛에 맞도록 양념을 넣으면 된다. 다른 쌀국수 제품과 비교했을 때 국물과 향은 평범해서 식상해질 수 있는데 면으로 쫄깃한 맛을 느낄 수 있어 씹는 느낌이 좋다.

베트남 쌀국수

베트남에 가면 쌀국수를 먹어야 한다고 이야기할 정도로 베트남 요리에서 많은 종류의 국수를 빼놓고 이야기할 수가 없다. 베트남의 국토는 남북으로 길게 이어진 나라로 북부의 하노이와 남부의 호치민은 기후가 다르다. 그러므로 국수를 먹는 것은 같지만 지방마다 특색 있는 국수가 있게 되었다. 베트남 국수는 신선한tươi 형태나 건조한khô 형태로 제공된다.

동남아시아가 쌀국수로 유명한 이유는 무엇일까?

밀이 풍부해 밀로 국수를 만들 수 있었던 동북아시아와는 달리 열대지방의 특성상 밀이나 메밀 같은 작물을 기르기는 어려웠지만 동남아시아의 유명한 쌀인 인디카 종(안남미)의 쌀을 이용했기 때문이다. 덥고 습한 기후 때문에 향이 강한 음식을 먹다보니 단순한 동북아시아의 국수와 다르게 발달하게 되었다.

대한민국에는 쌀국수가 발달하지 않은 이유

쌀농사를 짓는 대한민국에도 비슷한 쌀국수가 있었을 것 같지만, 한반도에서 많이 나는 자포니카 종의 쌀은 국수로 만들면 쫄깃한 맛이 밀이나 메밀가루로 만든 국수에 비해 떨어져서 쌀국수는 발달하지 않았다.

베트남 쌀국수가 전 세계로 퍼진 이유

베트남 쌀국수는 베트남 전쟁을 거치고 결국 베트남이 공산화 되면서 전 세계로 퍼지기 시작하였다. 남부의 베트남 국민들이 살기 위해 나라를 등지고 떠나 유럽이나 미주의 여러 나라로 정착하면서 저렴하면서 한끼 식사를 할 수 있는 쌀국수는 차츰 알려지기 시작했다. 서양인들의 기호에도 맞아 국제적으로 알려지는 계기가 되었다.

동유럽에서는 주로 북부의 베트남 사람들에 의해서 알려지기 시작했다. 1970~80년대에 북베트남에서 외화를 벌기 위해 동유럽 국가로 온 베트남 노동자들이 많았다. 동유럽이 민주화 바람 이후에도 경제적 사정으로 고국으로 돌아가기 힘들었던 베트남 사람들은 베트남 식당을 차리기 시작했고 더욱 퍼져나가기 시작했다.

쌀국수는
1. 미리 삶아온 면을
2. 뜨거운 물에 데친 후
3. 준비해둔 끓인 육수를 붓고
4. 땅콩, 향신료 말린 새우 설탕 등을 넣어 판매한다.

포phở는 베트남 북부의 하노이 음식이었다. 1954년 제네바 협정으로 베트남이 남북으로 분단된 뒤, 북부 베트남의 공산 정권을 피해 남부 베트남으로 내려간 사람들이 포phở를 팔기 시작해, 남부 베트남에서도 흔하게 먹는 일상 음식이 되었다. 그 후, 1964~1975년까지 이어진 베트남 전쟁과 그 이후, 보트피플로 떠돌아다니며 세계의 여러 나라로 피난하면서 포phở가 세계화되는데 일조를 하게 되었다. 미국, 캐나다 등에 이민을 온 베트남인들이 국수가게를 많이 열면서 특히 미주지역에서 유명하다.

쌀국수 종류

국물이 들어간 국수는 베트남 쌀국수가 가장 유명하다. 뜨거운 육수에 쇠고기, 소의 내장 약간, 얇게 저민 고기를 얹은 다음 국물에 말아서 먹는다. 새콤달콤한 맛과 향은 라임 즙이나 고수, 숙주나물 등에서 나오게 된다.

육수의 차이

일반적으로 쇠고기나 닭고기 육수를 쓴 쌀국수가 대부분이다.

▶**포 가**(phở gà) : 닭고기 육수 퍼
▶**포 똠**(phở tôm) : 새우 육수 퍼
▶**포 보**(phở bò) : 쇠고기 육수 퍼
▶**포 엑**(phở ếch) : 개구리 육수 퍼
▶**포 해오**(phở heo) : 돼지고기 육수 퍼

지역의 차이

베트남 남부에서는 달고 기름진 육수를 쓰고, 북부에서는 담백한 육수를 주로 사용한다. 포 하노이(phở Hà Nội), 하노이 포(phở)에는 파와 후추, 고추 식초, 라임 등만 곁들인다. 포 사이공(phở Sài Gòn), 호치민 포(phở)는 해선장과 핫 소스로 함께 만들며, 라임과 고추 외에도 타이바질, 숙주나물, 양파초절임을 곁들인다.

넓은 면 VS 얇은 면

넓은 면은 먼저 쌀가루에 물을 풀어서 쌀로 된 물처럼 만든 것을 대나무 쟁반위에 고르게 펴서 며칠 동안 햇볕에 잘 말린다. 얇게 뜨면 반짱Bahn Trang이라고 부르며, 두텁게 떠서 칼로 자르면 쌀국수가 되는 차이점이 있다. 반대로 얇고 가는 면의 경우는 쌀가루를 한 데 뭉쳐서 끓는 물을 부어 익반죽을 한 뒤, 냉면사리를 만들듯 체에 걸러서 만들게 된다.

베트남 VS 태국

같은 동남아시아 국가이지만 조리법이 조금씩 다르다. 국수는 볶는 국수와 국물을 넣어 만든 국수로 분류할 수 있다. 태국의 길거리 음식으로 주문을 하면 앞에서 바로 볶아 내놓는 팟타이Phatai는 서양인들이 더 선호하는 국수이다.
길거리나 호숫가에서 배를 타고 생활하는 수상생활이 일상화 된 태국에서는 자그마한 배에서 상인 한 명이 타고 다니며 판매한다.
내용물에 따라 이름이 달라지지만, 보통 우리는 '포phở'라고 부른다.
국물을 가진 국수 가운데에서 중국, 태국, 라오스, 미얀마 스타일의 조금은 다른 쌀국수가 있는데, 맛의 차이는 국물을 내는 방법이나 양념에 따라 차이가 난다.

베트남

포(phở)

대한민국에서 쌀국수라고 하면 보통 생각하는 요리로 이제는 베트남을 상징하는 요리로 인식된다. 포(phở)는 쌀국수 국수인 포를 쇠고기나 닭고기 등으로 낸 국물에 말아 낸 대표 베트남 국수 요리이다.

분짜(Bùn Chà)

소면처럼 가는 쌀국수 면을 숯불에 구운 돼지고기, 야채와 함께 액젓인 느억맘 소스에 찍어 먹는 요리이다.

태국

팟타이

태국을 대표하는 쌀국수 요리이다. 닭고기, 새우, 계란 등의 재료를 액젓, 타마린드 주스 등으로 만든 소스와 볶아낸 쌀국수이다.

꾸어이띠어우

고기 국물에 말아먹는 쌀국수 요리로 포(phở)의 태국 버전이라고 보면 된다. 향신료를 베트남보다 많이 쓰는 태국 요리는 향신료의 향이 강하다는 차이가 있다.

포(phở) 이름의 기원

프랑스어 기원

농사를 지어왔던 베트남에서 소는 꼭 필요한 동물이었다. 그래서 쇠고기를 잘 먹지 않았다. 포phở는 프랑스 식민지 시기에 프랑스인들이 만들어 먹은 쇠고기 요리인 포토 푀가 변형된 것이라는 것이다. 베트남어인 '포phở'는 프랑스어로 '포토푀pot-au-feu'의 '푀feu'를 베트남어식으로 발음한 것이라는 설이다. 산업혁명 이후 19세기 말에 공장 노동자들이 끼니를 때우기 위해 고기 국물에 국수를 말아 먹기 시작하던 것이 유래되었다고 한다.

중국의 광둥어 기원

하노이에 살던 중국의 광둥지역 이민자들은 응아우육판(牛肉粉)이 포phở의 기원이라는 설이다. '응아우'는 '쇠고기'를 뜻하고 '판'은 '국수'라는 뜻이다. 베트남어로 '응으우눅펀ngưu nhục phấn'이라고 불렀다. 베트남어 '펀phấn'은 '똥'을 뜻할 수도 있기 때문에, 음절 끝의 'n'이 사라지면서 '포phở'가 되었다고 한다. 포phở를 만들 때 쓰는 넓은 쌀국수는 '분 포bún phở'로 '포 국수'라는 뜻이다.

베트남 음료

베트남은 우리 입맛에 맞는 음식들이 많다. 태국 음식이 다양하다고 하지만 베트남도 이에 못지않은 다양한 음식들이 있다. 또한 음료도 태국만큼 다양한 열대과일로 만든 주스와 스무디가 많다.

프랑스 식민지였기 때문에 베트남에서는 바게뜨와 같은 서양음식들도 의외로 많아서 베트남 음식과 맥주와 음료를 마시면서 음식을 먹는 유럽인들도 많고 특히 바게뜨 같은 반미와 함께 커피를 마시는 여행자들이 많을 정도로 커피가 일반적인 음료이다. 풍부한 과일로 생과일주스를 마실 수 있고, 물이나 맥주, 커피도 저렴하게 즐길 수 있다. 베트남에서 먹고 마시는 것으로 고생하는 경우는 없다고 봐도 무방할 것이다.

비어 사이공(Beer Saigon)

베트남에서 가장 유명한 맥주로 관광객들이 누구나 한번은 마셔보는 베트남 맥주로 맛이 좋다. 프랑스에서 맥주 기술을 받아들여서 프랑스와 비슷한 풍부한 맥주 맛을 내고 있다. 맥주 맛의 기술은 우리나라보다도 좋은 것 같다.

333비어(333Expert Beer)

베트남 남, 중부에서 유통되는 맥주이다. 베트남어로 '3'이라는 숫자의 발음은 '바'로 일명 '바바바 비어'라고 부른다. 청량감이 심해서 호불호가 갈리는 맥주로 대한민국의 카스 맥주와 맛이 비슷하다.

라루비어(Larue Beer)

중부를 대표하는 맥주 브랜드로 프랑스 스타일의 맥주이다. 블루 컬러는 저렴하고 레드 컬러는 진한 흑맥주 맛을 낸다. 캔 맥주나 병맥주의 뚜껑을 따면 뚜껑 안에 한 캔이나 한 병을 무료로 먹을 수 있도록 마케팅을 하여 맥주 소비량이 늘어났고 뚜껑을 따서 하나 더 마실 수 있는지 확인하는 풍경이 벌어지기도 한다.

후다 비어(Fuda)

중부 지방에서 판매가 되고 있는 맥주로 후에를 중심으로 다낭까지 판매를 늘리고 있다. 93년 미국의 칼스버그가 합작투자를 통해 판매가 시작되었다. 다른 333비어나 라루 비어가 나트랑에서 보기에 어렵지 않은 맥주이지만 후다는 아직 나트랑에서 가끔 볼 수 있는 정도의 맥주이다.

맨스 보드카(Men's Vodka)

보드카는 베트남에서 가장 선호되는 주류 중 하나이다. 중간 품질의 보드카 부문은 맨스 보스카Men's Vodka 브랜드가 지배하고 있다. 100년 이상의 역사를 자랑하는 브랜드인 보드카 하노이Vodka Ha Noi가 막대한 투자를 통해 시장에서 성장해 왔다. 맨스 보스카Men's Vodka 보드카는 시장의 선두 주자로 인기가 높아짐에 따라 남성용 보드카 브랜드의 이미지가 대명사가 되었다. 다만 보드카 하노이Vodka Ha Noi는 구식 이미지가 강해 젊은 층에는 인기가 시들고 있다.

커피(Coffee)

베트남에서 커피한번 마셔보지 않은 관광객은 없다. 베트남식의 쓰고 진하지만 연유를 넣어 달달한 커피 맛은 더운 베트남에서 당분을 보충할 수 있는 좋은 방법이기도 하다.

'카페'로 발음하기도 하지만 '커피'라고 불러도 알아듣는다. 프랑스식민지로 오랜 세월을 있어서 커피문화가 매우 발달했다. 특히 연유가 듬뿍 담긴 커피는 베트남 커피만의 특징이다.

주문할 때 필요한 베트남어

카페 쓰어다 | Cà Phê Sũa Dà | 아이스 연유 커피　카페 덴다 | Cà Phê Den Dà | 아이스 블랙 커피
카페 쓰어농 | Cà Phê Sũa Nóng | 블랙 연유 커피　카페 덴농 | Cà Phê Den Nóng | 블랙 커피

생과일 주스(Fruit Juice)

과일이 풍부한 동남아와 같이 베트남도 과일이 풍부하다. 그 중에서 망고, 코코넛, 파인애플 같은 생과일로 직접 갈아서 넣은 생과일 주스는 여행에 지친 여행자에게 피로를 풀고 목마름을 해결해주는 묘약이다.

느억 미어(Núóc Mia)

사탕수수 주스를 말하는데 길거리에서 사탕수수를 직접 기계에 넣으면 사탕수수가 으스러지면서 즙이 나오는데 그 즙을 받아서 마시는 주스가 느억 미어Núóc Mia이다. 동남아시아의 다른 나라에서도 마실 수 있지만 저렴하기는 베트남이 가장 저렴하다.

레드 블루(Red Blue)

우리나라의 박카스나 비타500과 비슷한 에너지 드링크로 레드 블루Red Blue가 있는데 맛은 비슷하다. 카페인 양이 우리나라 에너지 드링크보다 높다고 하지만 마실 때는 잘 모른다.

열대 과일

망고(Mango)

나트랑에서 가장 맛있는 과일은 역시 망고이다. 생과일주스로 가장 많이 마시게 되는 망고 주스는 베트남여행이 끝난 후에도 계속 생각나게 된다.

망고 (Mango)

파파야(Papaya)

수박처럼 안에 씨가 있는 파파야는 음식의 재료로도 사용이 된다. 겉부분을 먹게 되며, 부드럽고 달달하다.

파파야 (Papaya)

람부탄(Rambutan)

빨갛고 털이 달려 있는 람부탄은 징그럽게 생겼다고 생각되기도 하지만 단맛이 강한 과즙을 가지고 있다.

두리안(Durian)

열대과일의 제왕이라고 불리는 두리안은 껍질을 까고 먹는 과일이고, 단맛이 좋다. 하지만 껍질을 까기전에 냄새는 좋지 않아 외부에서 먹고 들어가야 한다.

두리안 (Durian)

망꼰(Dragon Fruit)

뾰족하게 나와 있는 가시같은 부분이 있는 과일이다. 선인장과의 과일로, 진한 빨강색으로 식감을 자극하지만, 의외로 맛은 없다.

코코넛(Coconut)

야자수 열매로 알고 있는 코코넛은 얼음에 담아 마시면 무더위가 가실 정도로 시원하다. 또한 코코넛을 넣어 만든 풀빵도 나트랑 간식으로 인기가 많다.

코코넛 (Coconut)

쇼핑

베트남 여행에서 베트남만의 다양한 상품을 구입하는 데 가장 인기가 높은 것은 역시 커피, 피시소스(느억맘), 비나밋 과자이다. 3개의 제품은 베트남만이 생산하는 제품이기도 하지만 선물로 사오거나 쇼핑을 해서 구입해도 잘 사용하는 품목들이다. 선물이나 쇼핑에서 가장 중요한 것은 생활에서 잘 사용할 수 있다. 그것이 바로 저렴하다고 구입해서 버리지 않는 방법이다.

G7 커피(2~5만 동)

베트남 여행에서 돌아오는 공항에서 가장 많이 구입하는 커피가 G7 커피가 아닐까 생각된다. 베트남을 대표하는 인스턴트 커피 브랜드 G7 커피는 블랙, 헤이즐넛, 카푸치노, 아이스커피 전용 등 다양한 종류와 저렴한 가격이 매력적이다.

부드러운 향을 좋아한다면 헤이즐넛, 쌉싸래한 커피 본연의 맛을 원하면 블랙을 추천한다. 달달하고 진한 맛의 믹스와 카푸치노가 우리가 즐겨먹는 커피와 비슷하다. '3 in 1'이라는 표시는 설탕과 프림이 들어간 커피라는 뜻이고 '2 in 1'은 설탕만 들어간 제품이니 구입할 때 잘 보고 구입하기를 권한다.

콘삭 커피(3~10만 동)

G7 커피와 함께 베트남 커피 시장을 장악하고 있는 콘삭 커피는 일명 '다람쥐 똥 커피'라고 더 많이 부른다. 실제 커피콩을 먹은 다람쥐의 배설물이라는 말이 있다. 인도네시아에서 생산되는 루왁 커피만큼 고급 원두는 아니기 때문에 약간 탄 듯 쓴맛이 강한 커피이다. 하지만 고소한 향과 쓰고 진한 맛을 좋아한다면 추천한다.

노니차(15~20만 동)

건강 음료로 알려져 최근에 나이 드신 부모님들의 열풍과 가까운 선물이 노니차이다. 동남아에서 자라는 열대 과일인 노니는 할리우드 대표 건강 미녀 미란다 커의 건강 비결로 알려져 인기를 끌고 있다. 노니에는 질병과 노화를 막아주는 폴리페놀이 다량 함유되어 있다고 한다. 베트남의 달랏에서 재배가 되고 있는 노니차는 달랏이라고 더 저렴하지는 않고 베트남 어디든 비슷한 가격을 형성되어 있다. 티백으로 간편하게 즐길 수 있는 건강식품인 노니차는 물처럼 쉽게 마시는 건강식품이라서 베트남에 가게 되면 꼭 구매하는 품목으로 부상하였다.

베트남 칠리소스(5천~2만동)

베트남의 국민 소스라고 할 수 있는 피시소스(느억맘)는 중독성이 있다고 할 정도로 한번 알게 되면 피시소스를 먹지 일반 핫소스는 못 먹게 된다고 할 정도이다. 특히 베트남에서 먹는 볶음밥이나 볶음면에 넣어 먹으면 베트남 현지의 맛을 느낄 수 있다고 할 정도이다. 특히 추천하는 피시소스가 가장 궁합이 어울리는 음식은 바로 치킨이나 튀김 요리이다. 바삭하고 고소한 튀김 요리를 베트남 피시소스에 찍어 먹는 순간 자꾸 손이 가게 된다.

봉지 쌀국수(3천~1만 동)

베트남 쌀국수를 좋아하는 관광객이 대한민국으로 돌아와서도 먹고 싶은 마음에 봉지 쌀국수와 컵 쌀국수를 꼭 구입하고 있다. 향, 맛, 쉬운 조리법을 모두 갖춘 봉지 쌀국수 하나로 베트남 현지에 있을 정도라고 한다. 맛있게 먹는 방법은 베트남 칠리소스와 함께 먹는 것이라고 하니 칠리소스와 함께 구입하는 것을 추천한다.

비나밋(3~5만 동)

방부제, 설탕, 색소가 없는 본연의 맛을 최대한 살린 건조 과일 칩인 비나밋은 아이들이 특히 좋아한다. 1988년부터 지금까지 베트남 인기 간식으로 자리 잡은 비나밋은 건강하게 먹을 수 있다는 장점으로 사랑받고 있다. 고구마, 사과, 바나나, 파인애플, 잭프루트 등 다양한 종류가 있지만 고구마와 믹스 프루츠가 인기이다.

망고 과자(3~5만 동)

베트남의 망고과자도 인기 과자제품이다. 비나밋만큼의 인기가 없을 뿐이지 동남아의 대표과일인 망고를 과자로 만든 달달한 망고과자는 그 맛을 잊을 수 없을 정도이다. 중국인들은 오히려 망고과자를 더 많이 구입한다고 한다.

캐슈너트(10~20만 동)

베트남에서 흔히 만날 수 있는 대표 견과류인 캐슈넛은 껍질을 벗기지 않고 볶은 게 특징이다. 짭짤하고 고소한 맛으로 맥주 안주로 제격인데, 항산화 성분과 마그네슘 등이 많기 때문에 몸에도 좋다. 바삭하고 고소한 맛을 오래 유지하려면 진공 포장된 제품을 구매해야 한다.

농(5~8만 동)

베트남의 전통 모자로 알려져 있는 농이나 농라라고 부르는 모자로 야자나무 잎으로 만들었다. 처음 베트남 여행에서 가장 많이 사오는 기념품으로 알려져 있지만 실제로 사용할 경우는 거의 없다.

> **라탄 가방, 대나무 공예품**
>
> 최근 여성들의 트랜드로 떠오르고 있는 라탄 가방을 비롯해 슬리퍼, 밀짚모자 등 다양한 종류의 패션 아이템도 인기 상승 중이다. 쇼핑몰에서 고가에 판매하는 라탄 가방을 저렴한 가격에 구매할 수 있다. 어느 베트남 시장에서든 판매하고 있으니 가격을 꼼꼼히 살펴보고 구입하도록 하자. 특히 시장에서는 흥정을 잘해야 후회하지 않는다.

딜마 홍차(15~20만 동)

레몬, 복숭아, 진저, 우롱 등 종류도 다양하여 선물용으로 각광받고 있는 홍차이다. 딜마 홍차는 한국에서도 판매되고 있는 고급 홍차 브랜드인데 국내에서도 살 수 있는 딜마를 베트남에서 꼭 사는 이유는 가격차이 때문이다. 5배가량 가격 차이가 난다고 하니 구입을 안 할 수 없게 된다.

페바 초콜릿

베트남의 고급 초콜릿 브랜드로 초콜릿의 다양한 종류와 깔끔한 패키지가 인상적인 '파베'이다. 주로 대한민국 관광객이 선물용으로 많이 구매한다. 특히 인기 있는 맛은 바로 이름만 들어도 생소한 후추맛인 '블랙페퍼'이다. 달달하게 시작해서 알싸하게 끝나는 맛이 매력적이다.

한국 이름으로 마치 한류를 이용하는 짝퉁 중국기업

동남아시아에서 한류의 인기가 높은데, 베트남에서 한류는 특히 인기가 있다. 대한민국에 대한 관심이 높아지고 한류의 인기도 하늘을 찌를 듯한 것을 이용해 엉뚱한 중국 기업이 마치 한국 기업인 것처럼 행세하고 있다. 지금은 알려져 알고 있는 사람들이 있지만 모르는 사람들도 많아서 지속적으로 알려져야 점차 베트남 사람들에게 알려질 수 있을 것이다.

대한민국의 국화(國花)인 '무궁화'를 따서 지은 '무무소MUMUSO와 무궁생활이라는 중국 기업이다. 중국의 회사임에도 대한민국 이미지를 내세워서 홈페이지에도 한국어로 표기하고 홈페이지 주소에도'kr'을 쓰기 때문에 베트남 사람들은 한국기업이라고 알고 있는 사람들이 많다. 다행히 최근에 조금씩 중국기업이라는 사실이 알려지고 있지만 모르는 사람들이 더 많다.

무무소(MUMUSO)

MUMUSO .KR
— 무 궁 생 활 —

많은 매장을 보유한 다이소를 따라한 이름에 생필품을 저가로 파는 것도 동일한 컨셉으로 동남아시아에서 20개 이상의 매장을 보유하고 한국 기업을 이용해 대한민국을 이용해 물건을 판매하고 있다.
매장의 판매물품에는 한글로 적힌 물건이 있어 보면 어설픈 문구로 적혀있어 웃음만 나온다. 화장품, 캐릭터 상품, 생활용품 등 베트남 사람들이 관심이 많은 화장품에도 대충 보면 한국의 제품과 똑같다.

정식 명칭도 '무무소 코리아'로 써 놓고, 제품에도 '거품 새수 크림'이라고 표기돼 있다. 한국인이 봤을 때 '세수'가 아닌 새수로 적힌 단어를 보면 이상하다고 생각할 수 있다. 필자도 처음에 무심코 들어갔다가 한류의 영향이 크다고 생각했는데, 친구가 알려줘 중국기업이라는 사실을 알았고 제품을 보니 대부분 어설픈 중국제품인 경우가 많았다.

무궁생활

'무궁생활'이라고 한글로 적힌 간판도 볼 수 있다. 가장 기분이 나쁜 것이 손님이 들어오면 "안녕하세요"라고 인사를 한다. 제품도 무무소와 차이가 없다. 생필품을 파는 상점이기 때문에 제품의 품질이 나쁘다면 한국제품은 좋지 않다는 인식을 심어줄 수 있다는 사실이 이다.

무무소 본점, 중국 상하이

베트남에서는 중국에 대한 이미지는 좋지 않고 대한민국에 대한 이미지도 더 이상 좋을 수 없을 정도이다. 2018년에 박항서 감독의 우승이라는 성과로 더욱 한류 이미지는 공고해졌다. 무무소 본점은 중국 상하이에 있다고 하는데 중국인들도 자신들의 제품과 이미지로 제품을 판매할 자신이 없다는 사실은 아는 것 같다.

문제점

한국 제품과 매우 흡사한 외형을 가진 제품을 판매하기 때문에 쉽게 따라할 수 있다는 점이 문제가 된다. 제품의 질이 따라주지 않는 저가 폼 클렌징, 마스크 팩, 크림 등으로 대표적인 화장품 회사인 이니스프리 상품 '그린티 폼클렌징'을 로고만 살짝 바꾸고 판매하고 있다. 더 페이스샵의 마스크팩, 핸드크림도 마찬가지이다. 필자가 가장 많이 사용하는 네이처 리퍼블릭의 '알로에 수딩 젤'도 외관상으로 거의 같아서 한글로 적힌 것을 보아야 알 수 있다.

오랜 시간 동안 이어온 영토 분쟁과 중국산의 저질 상품으로 인한 피해가 많았다. 베트남 사람들의 중국인에 대한 나쁜 감정 때문에 한류의 이미지를 이용해 판매하고 있는 것이라서 피해는 대한민국이 보고 있는 것이다.

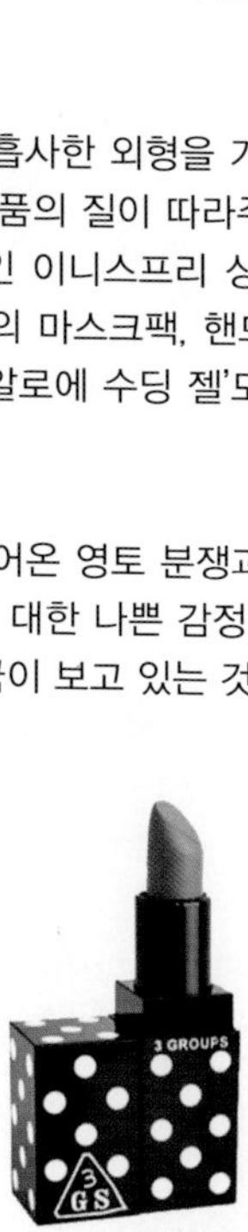

중국의 짝퉁 3GROUPS(3GS)

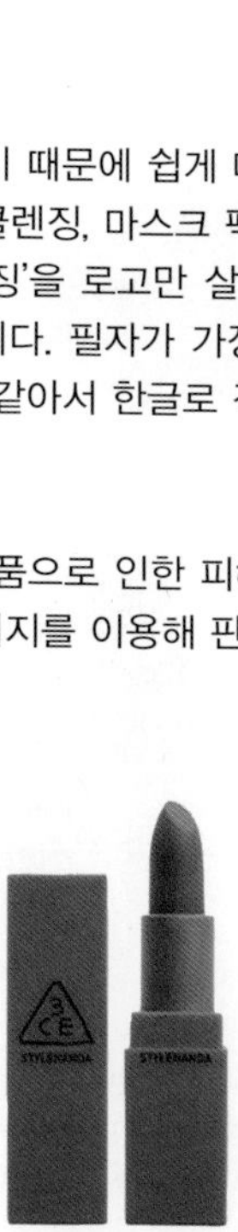

3Concept eyes(3CE)

마사지 & 스파

근육과 관절 등에 일련의 신체적 자극을 통해 뭉친 신체의 일부나 전신의 근육을 푸는 것이 마사지이다. 누구나 힘든 일을 하면 본능적으로 어깨 등을 어루만지는 행동을 할 정도이다. 그러므로 마사지도 엄청나게 오래된 역사를 가지고 있다. 고대 로마에도 아예 전문 안마사 노예가 따로 있었을 정도라고 한다.

마사지의 종류는 경락 마사지, 기 마사지, 아로마 마사지, 통쾌법 등 많다. 그 중 대표적인 것이 발마사지와 타이 마사지일 것이다. 또한 오

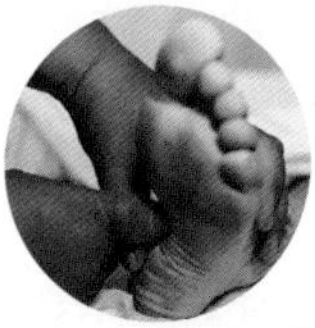

발 마사지

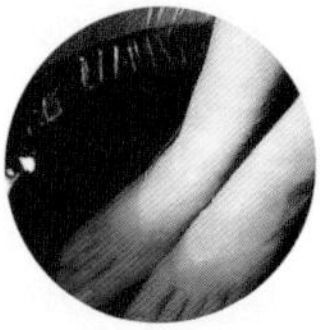

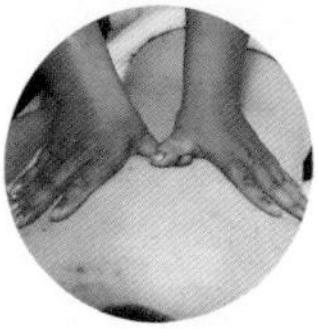

등 마사지

전신 마사지

어깨 마사지

마사지의 역사

태국은 세계적으로 마사지가 유명하지만 동남아시아의 어디를 여행해도 마사지는 어디에서든 쉽게 찾을 수 있을 정도로 유명하다. 마사지는 맨손과 팔을 이용한 지압이 고대 태국 불교의 승려들이 장시간 고행을 한 후 신체의 피로를 풀어주기 위해 하반신 위주로 여러 지압법을 만들기 시작한 것이 시초라고 한다. 지금도 태국에서 정말 전통 마사지라고 하면 바로 하체에만 하는 마사지 법을 일컫는다고 한다. 스님들이 전쟁에 지친 군인들을 위해 할 수 있는 게 뭐가 있을까 생각하다가 고안한 것이 있었는데 그게 바로 마사지였고, 자연스럽게 승려들을 통해 마사지가 발전해왔다는 이야기도 전해온다.

일 마사지, 스포츠 마사지 등이다. 스포츠 마사지는 운동선수들의 재활 및 근육통 경감, 피로 회복 등을 위해 만들어진 것으로 맨손을 이용하여 근육을 마사지하는 것이다.베트남에서는 타이 마사지보다 오일을 이용한 전신마사지가 더욱 유명하다.

가격과 품질은 당연히 천차만별이다. 예전에는 베트남에서 길거리에서 파라솔이나 그늘아래 플라스틱 의자에 앉아서 발과 어깨 마사지를 받을 수도 있었지만 지금 그런 모습은 존재하지 않는다. 마사지 간판을 내건 곳은 어디나 나름 깨끗하고 청결하게 관리하고 손님을 맞고 있다. 또한 최고급 호텔에서 고급스럽게 제대로 전신 마사지를 받을 수도 있다.

베트남에서 마사지는 필수 관광코스이고, 아예 마사지사를 양성할 정도로 활성화되어 있다. 보통 전신마사지 코스로 마사지를 받기 때문에 마사지사는 마사지에서 중요한 역할을 한다. 아직 태국처럼 마사지를 전문으로 하는 대학은 없지만 많은 사람들이 마사지를 중요한 수입원으로 생각하고 있을 정도로 베트남에서 마사지는 관광산업에서 중요한 역할을 하고 있다.

강도가 강한 타이마사지는 처음보다 전신마사지를 받고 나서 며칠이 지나고 받는 것이 좋다는 의견이 많다. 타이 마시지는 강도가 센 편이지만 받고 나면 시원하다. 그러나 고통에 대한 내성이 없는 사람들은 흠씬 두들겨 맞은 느낌을 받을 수 있을 정도로 아프다고 하기 때문에 자신의 몸 상태를 생각하고 선택하는 것이 좋다.

시간은 1시간이나 2시간 코스가 보통이고, 마사지 끝난 뒤 마사지사에게 팁을 주는 것이 관례이다. 팁은 1시간 당 마사지비용의 10% 정도가 적당하지만 능력이나 실력에 따라 생각하면 된다. 베트남은 팁 문화가 거의 없는 나라이지만 마사지사의 수입원 중 하나가 팁이므로 정말 만족한다면 팁을 풍족히 주고 이름을 들은 다음 이후엔 지목해서 마사지를 받으면 좋다.

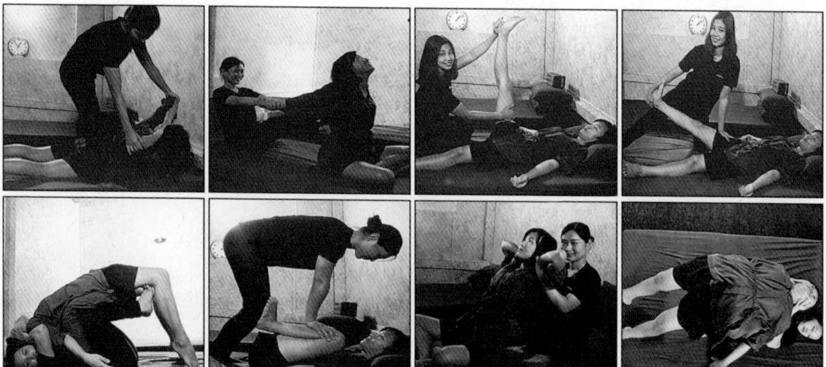

베트남과 커피

베트남 커피에 대해 잘못 알고 있는 사실은 과당 연유를 첨가한 것이 베트남커피라고 알고 있는 것이다. 베트남 커피의 유명세만큼 베트남 여행에서 커피를 구입하는 것은 일반적이다. 동남아시아는 덥고 습한 날씨가 지속되므로 어디를 여행해도 진하면서도 엄청나게 단맛이 나는 연유는 쓰디쓴 다크로스트 커피와 궁합이 잘 맞게 되어 있다. 커피에 연유를 첨가하는 방식을 누구나 동남아시아에서 지내다 보면 당연하다고 생각이 바뀔 것이다. 커피는 우리가 여행 중에 바라는 여유를 충족시켜주며 또 그 커피 맛에 한 번 빠지면 빠져 나오기 힘들 정도이다.

베트남에서는 에소프레소 스타일의 커피를 선호한다. 커피에 연유를 넣든 그냥 마시든 개인이 선택하는 것이라서 커피를 주문하면 그 옆에 연유를 같이 준다. 그러므로 우리가 생각하는 뜨거운 커피든 냉커피든 모든 커피에 연유를 넣는다는 것은 잘못된 생각이다. 까페 종업원에게 따로 설명하지 않으면 조그마한 커피 잔에 연유가 깔려 나오는 것이 아니고 같이 나온다. 때로는 아예 메뉴에서 구분해서 주문하는 것이 빠르게 커피를 받도록 해놓았다. 또한 밀크커피를 주문할 때도 '신선한 우유fresh milk'는 연유를 넣은 커피로 나오기 때문에 우리가 마시던 커피와 다를 수가 있다. 그러나 베트남 여행을 하는 대한민국의 여행자가 늘어나면서 관광객을 상대로 하는 커피점은 '아메리카노'가 메뉴에 따로 있다. 또 콩Cong카페의 유명 메뉴인 코코넛 커피는 커피에 코코넛을 넣는 것이지만 코코넛 맛을 내는 통에서 나오는 것이다.

예전에는 우유를 뺀 커피를 주문하면 연유 없이 커피가 나오는데 쓴 커피를 마시다 보면 바닥에 설탕이 잔뜩 깔린 사실을 바닥이 보일 정도에야 알아차리는 블랙커피였다. 베트남 커피가 강한 맛을 내고 쓰기 때문에 아무것도 첨가하지 않은 스트레이트로 마시는 베트남 사람들이 많았지만 지금은 구분해서 마시고 있다.

세계에서 2번째로 커피 원두를 많이 재배하는 국가가 베트남이라는 사실은 잘 알려져 있다. 19세기 프랑스가 자국에서의 커피를 공급하기 위해 처음 재배하기 시작했는데 전쟁 이후 베트남 정부가 대량으로 커피 생산을 시작하면서 생활의 일부분으로 들어오기 시작했다. 1990년대부터 커피 재배가 수출품으로 확산하면서 이제는 연간 180만 톤 이상의 원두를 수확하고 있다.

커피는 베트남 사람들의 생활에서 중요하다. 베트남여행을 하면 사람들이 카페에서 작은 플라스틱 의자에 앉아 아침 일찍부터 낮을 지나 저녁까지 커피를 마시는 모습을 볼 수 있다. 카페는 덥고 습한 베트남의 날씨 때문에 낮에는 일하기 힘든 상태에서 쉴 수 있는 장소이자 지금은 엄마들이 모여 수다를 떠는 등 모든 연령대의 사람들이 모이는 장소이다. 관광 도시인 나트랑Nha Trang에는 하이랜드Highlnd와 콩Cong카페를 비롯해 다양한 베트남 프랜차이즈들이 관광객을 대상으로 대중적인 커피를 팔고 있다.

베트남에서는 커피를 1인분씩 끓이는데 작은 컵과 필터 그리고 뚜껑(떨어지는 커피 액을 받는 용도로도 쓰임)으로 구성된 커피추출기 '핀phin'을 이용한다. 이러한 방식으로 커피를 준비하기 때문에 과정을 음미하면서 커피를 천천히 마시게 된다. 물론 모든 커피가 이런 방식으로 제조되는 것은 아니다. 일부 카페에서는 이미 만들어 놓은 커피를 바로 따라 마실 수 있게 준비되어있다. 하지만 베트남 전통 방법으로 만드는 슬로우 드립 커피는 매우 독특한 경험이다. 특히 모든 게 혼란스럽고 빠르게 느껴지는 베트남 도심에선 사람들에게 여유를 선사하고 한숨 돌리게 해주는 필수 요소다.

전통식 '핀'이 작아 보인다면 제대로 본 것이다. 베트남에선 벤티(대형) 용량의 커피는 없다. 커피가 매우 강하기 때문에 많이 마실 필요가 없다는 소리다. 120㎖ 정도면 충분하다. 슬로우 드립이라는 특성도 한 몫 하지만 작은 양으로 서빙되기 때문에 좋은 상태의 커피를 마시고 싶다면 천천히 음미하며 마셔야 한다.

때때로 베트남 커피에는 연유 외에도 계란, 요구르트, 치즈나 버터까지 들어간다. 버터와 치즈! 하노이에 있는 지앙Giang 카페는 계란 커피로 유명한데 커피에 계란 노른자와 베트남 커피 가루, 가당 연유, 버터 그리고 치즈가 들어간다. 우선 달걀노른자를 저어 컵에 넣고 나머지 재료를 더하는데 온도를 유지하기 위해 컵은 뜨거운 물에 담가놓는다고 한다.

베트남 인의 속을 '뻥' 뚫어준 박항서

2018년 베트남 국민들은 '박항서 매직'으로 행복했다. 나는 그 현장을 우연히 베트남에서 오래 머물면서 같이 느끼게 되었다. 그 절정은 동남아시아의 대표적인 축구대회인 스즈키 컵 우승으로 누렸다. 이날 베트남 전체가 들썩였고, 밤을 잊은 베트남 사람들은 축구 열기가 꺼지지 않고 붉게 타오른 밤에 행복하게 잠을 청했다.

나는 10월 초에 베트남을 잠시 여행하기 위해서 들렸다가 1월까지 있게 되었다. 그들의 친절하고 순수한 마음에 나를 좋아해주는 많은 베트남 사람들을 만나면서 이들의 집안행사에 각종 모임에 나를 초대해 주면서 그들과 가깝게 지내고 다양한 이야기를 옆에서 들었다. 또 많은 술자리를 함께 하면서 내가 모르는 베트남 이야기를 들었다.

베트남은 11월 15일 하노이의 미딘 국립경기장에서 열린 '아세안축구연맹(AFF) 스즈키컵 2018' 결승 2차전에서 말레이시아에 1–0으로 이겼다. 1차전 원정경기 2–2 무승부 포함 종합 스코어 3–2로 승리한 베트남은 2008년 이후 10년 만에 스즈키컵을 들어올렸다.

베트남의 밤이 불타오른 것이 올해만 벌써 몇 번째인지 모른다. 1월 열린 아시아축구연맹(AFC) U–23 챔피언십에서 베트남이 결승까지 올라가면서 분위기가 달아오르기 시작했다. 8월에는 자카르타 · 팔렘방 아시안게임에서 베트남이 일본을 꺾으며 조별리그를 1위로 통과한 데 이어 4강까지 올라가 축구팬들을 거리로 내몰고 또 내몰았다.

이번 스즈키컵에서 우승에 이르는 여정은 응원 열기를 절정으로 이끌었다. 결국 우승까지 차지했으니 광란의 분위기도 끝판을 이뤘다. 박항서 감독이 올해 하나의 실패도 없이 끊임없이 도전하면서 베트남은 축구로 하나가 되었다. U-23 챔피언십과 아시안게임을 거치며 박 감독은 이미 '영웅'이 됐다. 스즈키컵 우승까지 안겼으니 그에게 어떤 호칭이 따라붙을지 궁금하다. 2018년 베트남에서 박항서 감독은 '축구神'이나 마찬가지다.
지금 "Korea"이라는 이야기를 가장 인정해 주는 나라는 베트남이다. 한국인이라고 하면 웃으면서 이야기를 한번이라도 더 나누게 되고 관심을 가져준다. 2018년의 한류는 박항서 감독이 홀로 만든 것이라고 해도 과언이 아닐 것이다.

박항서 매직이 완벽한 신화로 2018년 피날레를 장식했다. 베트남이 열광하지 않을 수 없었다. 이날 결승전이 열린 미딘 국립경기장에는 4만 명의 관중만 입장할 수 있었다. 베트남 대표팀 고유색인 붉은색 유니폼을 입은 관중과 국기로 붉은 물결을 이뤘다. 그 가운데도 박항서 감독의 나라, 대한민국의 태극기 응원이 곳곳에서 눈에 띄었다.

하노이에 있던 나는 정말 길거리에서 대한민국 국기와 베트남 국기를 동시에 달고 다니던 장면을 잊을 수가 없다. 직접 경기장에서 경기를 보지 못한 베트남 국민들은 전국 곳곳의 거리에서 대규모 응원전을 펼쳤다. 베트남의 우승이 확정된 후에는 더 많은 사람들이 거리로 쏟아져 나왔고, 밤을 새워 우승의 감격을 함께 했다. 이날 '삑삑'거리는 소리 때문에 잠을 잘 수가 없었으니 어느 정도인지 상상할 수 있을 것이다.
거리 응원 및 우승 자축 열기는 상상 이상이었다. 수도 하노이의 주요 도로는 사람들로 꽉 차 교통이 완전 마비됐다. 호치민, 다낭, 나트랑 등 어디를 가도 베트남 전역의 풍경은 비슷했다. 환호성과 함께 노래가 울려 퍼졌고 폭죽이 곳곳에서 터졌다. 차량과 오토바이의 경적 소리가 끊이지 않았다. 베트남 대표선수 이름이 연호됐고,'박항서'를 외치는 것도 빠지지 않았다.

많은 베트남 사람들이 박항서 감독은 베트남 민족의 우수성을 입증해주었다는 생각에 이 열기가 단순한 열기가 아니라고 이야기해주었다. 베트남은 저항의 역사이고 항상 핍박을 받는 역사에서 살아오다가 경제 개방으로 이제 조금 먹고 살게 되었지만 자신들은 '자신감, 자존감'이 부족했다고 이야기했다. 우리가 자랑스럽게 생각을 해도 해외에서 자신들을 그렇게 봐 주지 않아 자존심도 상하고 기분도 나쁜 경우가 한 두 번이 아니었다고 한다. 그런데 동남아시아에서 가장 유명한 스즈키 컵에서 우승을 하면서 인접한 태국, 인도네시아, 필리핀 등의 나라에 자신들이 위대하고 자랑스럽다고 자신 있게 이야기할 수 있게 되었다고 말해주었다.

경제 개방 후 급속한 경제발전을 이루었지만 아직도 멀고 먼 경제발전을 이뤄야한다는 생각을 가진 베트남 인들을 보면서 대한민국이 오래 전 경제발전을 이루어 자랑스럽게 생각하면서 살고 싶었을 시절을 상상해 보았다. 그 시절이 지나고 지금 대한민국은 내세울 것 없는 '흙수저'로 성공하지 못하는 사회라는 생각이 주를 이룬다. 그런데 베트남 사람들이 자신들의 속을 '뻥'뚫어준 자존감을 만들어준 박항서 감독은 단순한 축구 감독이 아닌 존재가 되었을 것이다.
더군다나 대한민국에서도 내세울 스펙과 연줄이 없는 박항서 감독의 성공이 사람들의 속을 후련하게 해주었다. 사람들은 흙수저, 박항서를 마치 자신처럼 생각하며 응원하게 되었을 수도 있겠다고 생각이 들었다.

베트남 인들의 자신감과 오랜 역사에서 응어리를 쌓아놓았던 그들에게 속을 시원하게 해준 역사적인 사건이다. 그리고 나는 그 역사적인 순간에 베트남에서 있으면서 그 현장을 직접 보면서 다양한 감정이 교차하였다.
단순히 베트남을 여행하려다가 오랜 시간을 그들과 함께 울고 웃으면서 가까이 다가가는 생활이 여행이 아니고 그들과 함께 살고 있었던 4개월이었다. 나는 그 기억을 평생 기억할 것 같고 역사의 현장에 우연히 있었음에 감사한다.

베트남 친구 만들기

베트남이 친근해지고 베트남 여행을 가는 사람들이 늘어나면서 베트남 친구를 만들고 싶다는 이야기를 많이 한다. 게다가 박항서 감독의 활약으로 베트남 사람들도 한국인에 대해 친근하고 호기심이 많아졌다. 중국인에 대해 이야기하면 싫다는 표정을 해도 한국인에 대해 이야기를 꺼내면 "박항서!" 하면서 친근감을 나타내고 있는 것이 사실이다.
하지만 이들과 친구가 되려면 현지에서 그들과의 관계 관리가 매우 중요하다. 친근하게 처음에 다가간다고 바로 친구가 되는 것이 아니다. 그들과 진정성 있는 신뢰 관계를 구축해야 좋은 친구를 만들 수 있기 때문이다.
베트남에서 장기적으로 친구가 되는 5가지 방법을 소개한다.

친구는 단기전이 아닌 장기전이다.

누구나 관계는 다른 관계와 마찬가지로 시간과 노력이 필요하다. 중요한 것은 원하는 것만 얻기 위해 당신을 만난다는 느낌이 아닌 당신과 오랫동안 좋은 관계를 만들고 싶다는 진심을 전해야 한다.
서로간의 목표는 다른 것 같지만 사실은 같다. 베트남 사람과 대한민국 사람 양쪽 모두 진심을 가지고 대해야 하는 목표가 있어야 한다.
그들과 친해지기 위한 장기적인 관계 형성이 되어야 한다. 처음에 서로 호감을 나타내며 이야기를 나누어도 서로 이해하려는 노력을 보이지 않으면 관심은 이내 식어진다. 서로를 이해하는 과정이 있어야 시간을 헛되이 보내지 않았다고 생각할것이다. 이들은 영어를 배우려는 노력을 보이지만 우리처럼 영어가 시험성적으로 중요하기 때문에 영어에 서툰 사람들도 많지만 배우려는 노력은 대단하다. 그래서 서로 서툰 영어를 사용해도 금방 친해질 수 있다.
또한 커피가 생활화된 베트남 사람들은 처음에는 커피 약속을 잡는 것으로 시작하여 장기적으로는 여러 번의 만남을 통해 이야기를 나누고, 페이스북이나 현지인의 카카오톡이라고 부르는 잘로Zalo같은 소셜 미디어(SNS)에서 커뮤니케이션을 해야 한다.

먼저 다가가 소통하자.

대한민국 사람들이 베트남 사람들을 만나다 보면 이들이 위생적으로 더럽다며 친해지기를 꺼리는 사람들을 만날 때가 있다.
이럴 때일수록 그들이 어떤 환경에서 살고 있는지 먼저 다가가 소통해야 한다. 용기가 없는 사람들은 좋은 친구 형성에 성공하기도 어렵다. 조금 꺼려져도 괜찮다고 생각하고 약간의 꺼려짐만 극복한다면 친구의 문은 더 넓어진다.
먼저 그들에게 같이 밥을 먹자고 이야기하거나, 커피를 마시자고 한다거나, 축구 경기를 같이 맥주를 마시며 보자고 한다거나, 맥주 한잔 하자고 이야기해보자. 이들은 "왜"라는 물음보다 "그래, 좋아"라는 이야기를 더 많이 하는 순수한 사람들이 많다.

진정성을 담아 마음으로 소통하자.

사람과 사람과의 관계에서는 지나치게 이해타산을 따지게 되면 마음으로 관계를 맺는 것이 아니고 사무적으로 관계를 맺게 된다. 그들과의 관계에서도 마찬가지이다. 매번 그들과의 만남을 새로운 기회로 삼는다면 친구인척 지금 당장 이야기는 해줄 수도 있지만, 장기적으로 정말 친구인지는 이들도 생각하게 된다. 나의 호의를 무시했다는 생각을 하면 돌아서는 것은 인지상정이다.
좋은 친구가 되기 위해 협력함으로써 진정성 있는 친구 관계를 구축할 수 있다. 나에게 요즘 어떤 베트남 이야기를 기획하고 있는지 캐묻는 데 나는 베트남에서 무엇을 기획하고 장기적으로 머물고 있지 않다. 이들과 생활하면서 순수한 진정성에 감동해 오래 머무는 것뿐이다. 진정성 있는 관계는 이해타산적이거나 영업과 같이 느껴져서는 안 된다.

SNS에서 소통하라.

베트남에서는 페이스북이 일반화되어 항상 자신이 쓴 페이스북의 이야기에 '좋아요'를 클릭해주는 것을 좋아한다. 그러므로 이를 도와주는 것도 친해질 수 있는 하나의 방법이다. 소셜네트워크서비스(SNS)를 팔로우하는 것도 그들과 장기적으로 소통하는 방법이다.

대면 관계가 중요하다.

그래도 전화, SNS 등으로 진실한 관계를 형성하는 것은 한계가 있다. 모임 또는 커피 약속 등 대면 관계를 통한 만남은 더 강한 유대감을 형성한다.

처음 만남에는 호감이 형성될 수 있도록 노력해야 한다. 만남 시 누군가의 신뢰를 얻을 수 있는 좋은 방법의 하나는 자기 자신에 대해서 가능한 한 솔직하게 이야기하는 것이다. 살면서 있었던 재미있는 사건에 관해서 이야기하는 것도 좋다. 그러나 주의해야 할 점은 상대방이 흥미로워하는 주제나 상대방이 중요하게 생각하는 가치관에서 너무 벗어나서는 안 된다는 점이다. 호치민에 대해 이야기하거나 공산주의에 대해 이야기하는 것은 주제에서 벗어난 것이다. 진정성만큼이나 신뢰감을 주는 태도는 없다.

푸꾸옥 여행에 밑그림 그리기

우리는 여행으로 새로운 준비를 하거나 일탈을 꿈꾸기도 한다. 여행이 일반화되기도 했지만 아직도 여행을 두려워하는 분들이 많다. 동남아시아에서 베트남 여행자가 급증하고 있다. 그중에는 몇 년 전부터 늘어난 다낭을 비롯해 다낭을 다녀온 여행자는 푸꾸옥으로 눈길을 돌리고 있다. 그러나 어떻게 여행을 해야 할지부터 걱정을 하게 된다. 아직 정확한 자료가 부족하기 때문이다. 지금부터 푸꾸옥 여행을 쉽게 한눈에 정리하는 방법을 알아보자. 일단 관심이 있는 사항을 적고 일정을 짜야 한다. 처음 해외여행을 떠난다면 푸꾸옥 여행도 어떻게 준비할지 몰라 당황하게 된다. 먼저 어떻게 여행을 할지부터 결정해야 한다. 아무것도 모르겠고 준비를 하기 싫다면 패키지여행으로 가는 것이 좋다. 푸꾸옥 여행은 주말을 포함해 3박 4일, 4박 5일 여행이 가장 일반적이다. 해외여행이라고 이것저것 많은 것을 보려고 하는 데 힘만 들고 남는 게 없는 여행이 될 수도 있으니 욕심을 버리고 준비하는 게 좋다. 여행은 보는 것도 중요하지만 같이 가는 여행의 일원과 같이 잊지 못할 추억을 만드는 것이 더 중요하다.

다음을 보고 전체적인 여행의 밑그림을 그려보자.

1	패키지여행? 자유여행? (여행의 형태 결정)	7	얼마나 쓸까? 리스트 작성! (여행경비 산출하기)
2	나의 가능한 여행기간, 비용은? (여행 기간 & 예산 짜기)	8	베트남어를 알면 편리한데? (간단한 베트람어 익히기)
3	푸꾸옥여행? 항공권부터 알아보자. (항공권티켓 /성수기여행은 빨리 구입)	9	동? 원화는 사용불가능? (환전하기)
4	성수기 숙소가 부족한 나트랑은 숙박부터 알아보자! (숙소의 예약가능 확인)	10	왜 이리 필요한 게 많지? (여행가방싸기)
5	보고 싶고 먹고 싶은 게 많아요? (여행지 정보 수집)	11	11. 인천공항으로 이동
6	단기여행인 푸꾸옥은 꼼꼼한 일정은 필수! (여행 일정 짜기)	12	12. 드디어 여행지로 출발!

결정을 했으면 일단 항공권을 구하는 것이 가장 중요하다. 전체 여행경비에서 항공료와 숙박이 차지하는 비중이 가장 크지만 너무 몰라서 낭패를 보는 경우가 많다. 평일이 저렴하고 주말은 비쌀 수밖에 없다. 저가항공인 제주항공과 베트남 저가항공인 비엣젯 항공부터 확인하면 항공료, 숙박, 현지경비 등 편리하게 확인이 가능하다.

패키지 여행 VS 자유 여행

전 세계적으로 베트남으로 여행을 가려는 여행자가 늘어나고 있다. 대한민국의 여행자는 다낭과 하노이, 호치민에 집중되어 푸꾸옥에는 한국인 관광객이 많지 않다. 그래서 더욱 고민하는 것은 여행정보는 어떻게 구하지? 라는 질문이다. 그만큼 푸꾸옥에 대한 정보가 매우 부족한 상황이다. 그래서 처음으로 푸꾸옥을 여행하는 여행자들은 패키지여행을 선호하거나 여행을 포기하는 경우가 많았다.
20~30대 여행자들이 늘어남에 따라 패키지보다 자유여행을 선호하고 있다. 호치민을 여행하고 이어서 푸꾸옥으로 여행을 다녀오는 경우도 상당히 많다. 베트남 남부만의 10일이나, 베트남 중, 남부까지 2주일의 여행 등 새로운 여행형태가 늘어나고 있다. 단 베트남 여행은 무비자로 15일까지이므로 여행 일정은 미리 확인하는 것이 좋다. 베트남 장기여행자들은 호스텔을 이용하여 친구들과 여행을 즐기는 경우가 있다.

편안하게 다녀오고 싶다면 패키지여행

푸꾸옥이 뜬다고 하니 여행을 가고 싶은데 정보가 없고 나이도 있어서 무작정 떠나는 것이 어려운 여행자들은 편안하게 다녀올 수 있는 패키지여행을 선호한다. 다만 아직까지 많이 가는 여행지는 아니다 보니 패키지 상품의 가격이 저렴하지는 않다. 여행일정과 숙소까지 다 안내하니 몸만 떠나면 된다.

연인끼리, 친구끼리, 가족여행은 자유여행 선호

2주정도의 긴 여행이나 젊은 여행자들은 패키지여행을 선호하지 않는다. 특히 여행을 몇 번 다녀온 여행자는 푸꾸옥에서 자신이 원하는 관광지와 맛집을 찾아서 다녀오고 싶어 한다. 여행지에서 원하는 것이 바뀌고 여유롭게 이동하며 보고 싶고 먹고 싶은 것을 마음대로 찾아가는 연인, 친구, 가족의 여행은 단연 자유여행이 제격이다.

푸꾸옥 숙소에 대한 이해

푸꾸옥 여행이 처음이고 자유여행이면 숙소예약이 의외로 쉽지 않다. 자유여행이라면 숙소에 대한 선택권이 크지만 선택권이 오히려 난감해질 때가 있다. 푸꾸옥 숙소의 전체적인 이해를 해보자.

1. 숙소의 위치

푸꾸옥 시내는 유럽과 달리 주요 관광지가 몰려있지 않다. 따라서 숙소의 위치가 중요하지는 않다. 그러나 베트남의 대부분의 숙소는 도시에 몰려 있기 때문에, 또 시내에서 떨어져 있다면 도시 사이를 이동하는 데 시간이 많이 소요되어 좋은 선택이 아니다. 먼저 시내에서 얼마나 떨어져 있는지 확인하자.

2. 숙소예약 앱의 리뷰를 확인하라.

푸꾸옥 숙소는 몇 년 전만해도 호텔과 호스텔이 전부였다. 하지만 에어비앤비를 이용한 아파트도 있고 다양한 숙박 예약 앱도 생겨났다. 가장 먼저 고려해야 하는 것은 자신의 여행비용이다.

항공권을 예약하고 남은 여행경비가 3박 4일에 20만 원 정도라면 호스텔을 이용하라고 추천한다. 푸꾸옥에는 많은 호스텔이 있어서 호스텔도 시설에 따라 가격이 조금 달라진다. 숙소예약 앱의 리뷰를 보고 한국인이 많이 가는 호스텔로 선택하면 문제가 되지는 않을 것이다.

3. 내부 사진을 꼭 확인

호텔의 비용은 2~15만 원 정도로 저렴한 편이다. 호텔의 비용은 우리나라호텔보다 저렴하지만 시설이 좋지는 않다. 오래된 건물에 들어선 건물이 아니지만 관리가 잘못된 호텔이 의외로 많다. 반드시 룸 내부의 사진을 확인하고 선택하는 것이 좋다.

4. 에어비앤비를 이용해 아파트 이용방법

시내에서 얼마나 떨어져 있는지를 확인하고 숙소에 도착해 어떻게 주인과 만날 수 있는지 전화번호와 아파트에 도착할 수 있는 방법을 정확히 알고 출발해야 한다. 아파트에 도착했어도 주인과 만나지 못해 아파트에 들어가지 못하고 1~2시간을 기다리면 화가 나고 기운도 빠지기 때문에 여행이 처음부터 쉽지 않아진다.

숙소 예약 사이트

부킹닷컴(Booking.com)

에어비앤비와 같이 전 세계에서 가장 많이 이용하는 숙박 예약 사이트이다. 베트남에도 많은 숙박이 올라와 있다.

Booking.com
부킹닷컴
www.booking.com

에어비앤비(Airbnb)

전 세계 사람들이 집주인이 되어 숙소를 올리고 여행자는 손님이 되어 자신에게 맞는 집을 골라 숙박을 해결한다. 어디를 가나 비슷한 호텔이 아닌 현지인의 집에서 숙박을 하도록 하여 여행자들이 선호하는 숙박 공유 서비스가 되었다.

airbnb
에어비앤비
www.airbnb.co.kr

알아두면 좋은 푸꾸옥 이용 팁(Tip)

1. 미리 예약해도 싸지 않다.

일정이 확정되고 호텔에서 머물겠다고 생각했다면 먼저 예약해야 한다. 임박해서 예약하면 같은 기간, 같은 객실이어도 비싼 가격으로 예약을 할 수 밖에 없다는 것이 호텔 예약의 정석이지만 여행일정에 임박해서 숙소예약을 많이 하는 특성을 아는 숙박업소의 주인들은 일찍 예약한다고 미리 저렴하게 숙소를 내놓지는 않는다.

2. 취소된 숙소로 저렴하게 이용한다.

푸꾸옥에서는 숙박당일에도 숙소가 새로 나온다. 예약을 취소하여 당일에 저렴하게 나오는 숙소들이 있다. 베트남 숙소의 취소율이 의외로 높아서 잘 활용할 필요가 있다. .

3. 후기를 참고하자.

호텔의 선택이 고민스러우면 숙박예약 사이트에 나온 후기를 잘 읽어본다. 특히 한국인은 까다로운 편이기에 후기도 적나라하게 숙소에 대해 평을 해놓는 편이라서 숙소의 장, 단점을 파악하기가 쉽다. 베트남 숙소는 의외로 저렴하고 내부 사진도 좋다고 생각해도 직접 머문 여행자의 후기에는 당해낼 수 없다. 유명한 호스텔에 내부 사진도 좋고 가격도 저렴하게 책정되어 예약을 하고 가봤는데 지저분하고 개미가 많아 침대위에 개미를 잡고서야 잠을 청했던 기억도 있다.

3. 미리 예약해도 무료 취소기간을 확인해야 한다.

미리 호텔을 예약하고 있다가 나의 여행이 취소되든지, 다른 숙소로 바꾸고 싶을 때에 무료 취소가 아니면 환불 수수료를 내야 한다. 그러면 아무리 할인을 받고 저렴하게 호텔을 구해도 절대 저렴하지 않으니 미리 확인하는 습관을 가져야 한다.

푸꾸옥 여행 물가

푸꾸옥여행의 가장 큰 장점은 매우 저렴한 물가이다. 푸꾸옥여행에서 큰 비중을 차지하는 것은 항공권과 숙박비이다. 항공권은 제주항공이나 베트남 저가항공인 비엣젯이나 베트남의 호치민까지 가는 항공을 저렴하게 구할 수 있다면 버스를 타고 무이네로 이동할 수 있다. 숙박은 저렴한 호스텔이 원화로 5,000원대부터 있어서 항공권만 빨리 구입해 저렴하다면 숙박비는 큰 비용이 들지는 않는다. 좋은 호텔에서 머물고 싶다면 더 비싼 비용이 들겠지만 호텔의 비용은 저렴한 편이다.

▶**왕복 항공료** | 28~68만 원
▶**버스, 기차** | 3~10만 원
▶**숙박비(1박)** | 1~10만 원
▶**한 끼 식사** | 2천~4만 원
▶**입장료** | 2천 7백 원~3만 원

구분	세부 품목	3박 4일	6박 7일
항공권	제주항공, 대한항공	280,000~680,000	
택시, 버스, 기차	택시, 버스, 기차	약4~30,000원	
숙박비	호스텔, 호텔, 아파트	15,000~300,000원	30,000~600,000원
식사비	한 끼	2,000~30,000원	
시내교통	택시, 그랩	2,000~30,000원	
입장료	박물관 등 각종 입장료	2,000~8,000원	
		약 470,000원~	약 790,000원~

베트남은 안전한가요?

나 홀로 여행도 가능한 치안

사회주의 국가인 베트남은 동남아시아에서 가장 안전하다고 손꼽히는 치안이 좋은 국가이다. 혼자 여행하거나 여성이라도 안심하고 여행할 수 있다.
물론 관광객을 노리는 소매치기 등의 사건은 발생하지만 치안 때문에 여행하기 힘들다는 이야기는 듣기 힘들 정도이며 밤에 돌아다녀도 위험하다고 생각하지 않는 여행자가 대부분이다.

숙소의 보이는 장소에 돈을 두지 말자.

호텔이든 홈스테이든 어디에서나 돈이 될 만한 물품은 숙소의 보이는 곳에 놓지 말아야 한다. 금고가 있으면 금고에 넣어두면 되지만 금고가 없다면 여행용 캐리어에 잠금장치를 하고 두는 것이 도난사고를 방지할 수 있다. 도난 사고가 나면 5성급 호텔도 모른다고 말만 하기 때문에 자신이 직접 조심하는 것이 좋다.

슬리핑 버스에서 중요한 물품은 가지고 타야 한다.

슬리핑 버스를 타면 버스 밑에 짐을 모두 싣고 탑승을 하는 데 이때 가방이 없어지는 사고가 발생하기도 한다. 자신의 짐인지 알고 잘못 바꿔가는 사고도 있지만 대부분은 가방을 가지고 도망을 가는 도난사고이다. 중요한 귀중품은 몸에 가까이 두어야 계속 확인이 가능하다.

환전소와 ATM

베트남에서 문제가 많이 발생하는 장소는 택시와 환전에 관련한 사항이다. 오토바이를 이용한 날치기는 가끔씩 방심할 때에 발생한다. 그러므로 환전소나 ATM에서는 반드시 가방이나 주머니에 확실하게 돈을 넣어두고 좌우를 확인하고 나서 나오는 것이 좋다. 또한 중요한 짐은 몸에 지니는 것이 좋다. 가방은 날치기가 가장 쉬운 물건이다.

환전

베트남 통화는 '동(VND)'으로 1만 동이 약 532원이고 자주 환율이 조금씩 변화되고 있다. 기본 통화의 계산 단위가 1천동 이상부터 시작하는 높은 환율에 생각보다 계산이 쉽지 않다. 한국 돈으로 빠르게 환산하여 금액이 얼마인지 확인하는 것이 중요하다.

누구나 베트남 동(VND)을 원화로 환산하는 계산법은 이보다 더 좋은 방법은 없다. 베트남 물품의 금액에서 '0'을 빼고 2로 나누면 대략의 금액을 파악할 수 있다. 처음에는 어렵다고 느껴질 수도 있지만 하루만 계산을 하다보면 쉽게 알 수 있는 방법이다. 즉 계산금액이 120,000동이라면 '0'을 뺀 12,000이 되고 '÷2'를 하면 6,000원이 된다.

미국달러로 환전해 가는 관광객도 있다. 대한민국에서 미국 달러로 환전한 후 베트남 현지에 도착해 달러를 동(VND)으로 환전하는 것이 금전적으로 약간의 이득을 보기 때문이다. 은행에서 환전을 하면 주요통화가 아니라서 환율 우대를 받지 못하기 때문에 환전 금액이 크다면 미국달러로 환전을 하는 것이 좋다. 달러 환전은 환율 우대를 각 은행에서 받을 수 있고 사이버 환전을 이용하거나 각 은행의 어플리케이션을 사용하면 최대 90%까지 우대를 받을 수 있기 때문에 환전을 할 때마다 이득을 보므로 베트남에서 사용하는 금액이 크다면 달러로 반드시 환전해야 한다.

소액을 환전할 경우 원화에서 동으로 바꾸거나 원화에서 달러로 바꾸었다가 동(VND)으로 바꾸어도 큰 차이가 나는 것은 아니다. 또한 베트남 현지에서 환전이 가장 쉽고 유통이 많이 되는 100달러를 선호하기 때문에 100달러로 환전해 베트남으로 여행을 하는 것이 최선의 방법이다.
베트남 현지의 주요 관광지에서는 미국달러로도 대부분 계산이 가능하다.

1$의 유용성

베트남 여행에서 호텔이나 마사지숍을 가거나 택시기사 등에게 팁을 줘야 할 때가 있다. 이때 1$를 팁으로 주면 베트남 동을 팁으로 줄 때보다 더 기쁘게 웃으면서 좋아하는 베트남 인들을 보게 된다. 그만큼 베트남에서 가장 유용하게 유통이 되는 통화는 미국달러이다.

베트남 여행경비를 모두 환전해야 하나요?

베트남에서 사용하는 여행경비는 실제로 가늠하기가 쉽지 않다. 왜냐하면 다양한 목적으로 베트남을 방문하는 관광객이 너무 많아서 그들이 사용하는 경비는 개인마다 천차만별로 달라지고 있다. 하지만 사용할 금액이 많다고 베트남 동(VND)으로 두둑하게 환전하는 것은 좋지 않다. 남아서 다시 인천공항에서 원화로 환전하면 환전 수수료 내고 재환전해야 하므로 손해이다. 그러므로 달러로 바꾸었다가 필요한 만큼 현지에서 환전하면서 사용하는 것이 최선의 방법이다.

어디에서 환전을 해야 하나요?

베트남 여행에서 환전을 어디에서 해야 하는지 질문을 하는 사람들이 많다. 베트남은 공항의 환전 율이 좋지 않다. 그러므로 공항에서는 숙소까지 가는 비용이나 하루 동안 사용할 금액만 환전하고 다음날 환전소에 가서 환전을 하는 것이 좋은 방법이다.
시내의 환전소는 매우 많다. 주로 베트남 주요도시에 다 있는 롯데마트 내에 있는 환전소가 환율이 좋다. 또한 한국인들이 주로 찾는 관광지 인근이 환율을 좋게 평가해준다. 또한 환전을 하면 반드시 맞게 받았는지 그

자리에서 확인을 하고 가야 한다. 시내 환전소에서 환율을 높게 쳐주었다고 고마워했는데 실제로 확인을 안했다가 적은 금액을 받았다면 아무 소용이 없을 것이다. 그런데 이런 일은 빈번하게 발생하는 소액사기의 한 방법이므로 반드시 환전하고 확인하는 습관을 갖는 것이 좋다.

ATM사용

가지고 간 여행경비를 모두 사용하면 ATM에서 현금을 인출해야 할 때가 있다. 신용카드나 체크카드 모두 출금이 가능하다. 인출하는 방법은 전 세계 어디에서나 동일하므로 현금인출기에서 영어로 언어를 바꾸고 나서 인출하면 된다. 수수료는 카드마다 다르고 금액과 상관없이 1회 인출할 때 수수료가 같이 빠져나가게 된다.

나트랑 캄란 공항의 현금인출기ATM는 공항을 나가 정면으로 걸어가 도로가 나오면 왼쪽을 바라보면 나온다. 벽에 가려있기 때문에 찾기가 쉽지 않다.

베트남에 오래 머물게 되면 적당한 금액만 환전하고 현금인출기에서 필요한 금액을 인출해 사용하는 것이 더 요긴할 때가 많다. 도난사고도 방지하고 생활하는 것처럼 아끼면서 사용하는 것이 환전이득을 보는 것보다 적게 경비를 사용할 때도 많기 때문에 장기여행자는 환전보다 인출하는 것이 좋은 방법이다.

인출하는 방법

① 카드를 ATM에 넣는다.
② 언어를 영어로 선택한다.
③ 비밀번호를 입력한다. 이때 반드시 손으로 가리고 입력해 비밀번호가 노출되지 않도록 한다. 비밀번호는 대부분 4자리를 사용하는 데 가끔 현금인출기에서 6자리를 원한다면 자신의 비밀번호 앞에 '00'을 붙여 입력하면 된다.
④ 영어로 현금인출이라는 뜻의 'Withdrawel'이나 'Cash Withdrawel' 선택한다.
⑤ 그리고 현금 계좌인 Savings Account를 누른다.
⑥ 베트남 현지 통화인 동(VND)을 선택하게 되는 데 최대금액이 3,000,000동(VND)까지 인출할 수 있는 현금인출기가 많다. 최대 5,000,000동(VND)까지 인출하는 현금인출기도 있으므로 인출할 때 확인할 수 있다.

주의사항

현금을 인출하고 나서 나갔을 때 아침이나 어두운 저녁 이후에 소매치기를 당하지 않도록 주머니나 가방에 잘 넣어서 조심히 나가는 것이 좋다. 대부분 신용카드와 통장의 계좌를 같이 사용하기 때문에 비밀번호가 노출되면 카드도용 같은 사고가 발생하고 있으므로 조심해야 한다.

심카드 vs 무제한 데이터

베트남은 휴대폰 요금이 매우 저렴해서 4G 심 카드Sim Card를 구입해 한달 동안 무제한데이터를 등록해서 사용하면 편리하다. 다 사용하면 휴대폰 매장에 가서 충전을 해달라고 하면 50,000동과 100,000동 정도를 다시 구입해 1달 정도 이상 없이 사용할 수 있다.
공항에서 심 카드Sim Card를 구입하면 여권을 제시해야 한다. 이때 사기가 아닌지 걱정하는 관광객이 많은데 법으로 심 카드Sim Card를 구입할 때 이용자등록을 해야 한다. 그래서 여권을 잃어버리지 않으려면 공항에서 사는 것이 가장 안전한 방법이다. 구입을 하고 나면 충전만 하면 되기 때문에 여권은 필요가 없다. 공항에서 구입하는 것이 가장 편리하고 여권을 잃어버리거나 현금을 잃어버리는 일이 없기 때문에 공항이 비싸다고 해도 공항을 이용하는 것이 현명하다.

충전을 하면 이렇게 종이로 된 입력 번호를 받고 입력하면 된다.

대한민국에서 신청을 하고 오는 관광객은 그대로 핸드폰을 켜면 무제한 데이터가 시작이 되고 문자가 자신의 핸드폰으로 발송이 되므로 이상 없이 사용할 수 있다. 예전처럼 무제한 데이터를 사용하지 않아도 많은 금액이 자신에게 피해가 되어 돌아오지 않기 때문에 걱정할 필요가 없게 되었다. 또한 하루동안 무제한 사용할 수 있는 금액이 매일 10,000원 정도였지만 하루 동안 통신사마다 베트남에서 무제한 데이터 사용금액이 달라졌기 때문에 사전에 확인을 하고 이용하는 것이 좋다.

베트남 여행 긴급 사항

베트남 내 일부 약품(감기약, 지사제 등)은 처방전이 없어도 구입이 가능하나 전문적인 치료약의 경우에는 처방전이 있어야만 구입이 가능하다. 몸이 아플 경우, 말이 잘 통하지 않는 상태에서 약국 약사의 조언만으로 약을 복용하는 것보다 가능하면 전문의의 진료를 받은 후 처방전을 받아 약을 구입 · 복용하는 것이 타국에서의 2차 질병을 예방하는 길이다.

긴급 연락처

범죄신고 : 113

화재신고 : 114

응급환자(앰뷸런스) : 115

하노이 이민국 : 04) 3934-5609

하노이 경찰서 : 04) 3942-4244

Korea Clinic : 04) 3843-7231, 04) 3734-6837

베트남-한국 치과 : 04) 3794-0471

SOS International **병원** : 04) 3934-0555(응급실), 04) 3934-0666(일반진료상담)

베트남 국제병원(프랑스 병원) : 04) 3577-1100

Family Medical Practice : 04) 3726-5222 (한국인 간호사 및 통역원 상주)

의료기관 연락처

베트남 내에서 응급환자가 생겼을 경우, 115번으로 전화하여 구급차를 부를 수 있으나 거의 대부분의 115번 전화 안내원이 베트남어 구사만 가능하기 때문에 실질적으로 외국인이 이 서비스를 이용하기에는 결코 쉬운 일이 아니다.

베트남 여행 사기 유형

환전

베트남 화폐의 단위가 크기 때문에 혼동되는 것을 이용하는 사기이다. 환율을 제대로 알려주지 않고 환전을 하는 것과 제대로 금액을 확인 시켜주지 않고 환전을 하면서 대충 그냥 넘어가려고 한다. 금액을 확인하려고 하면 환전수수료(Fee)를 요청하지만 환전에는 수수료가 포함되는 것이니 환전수수료는 존재하지 않는다는 사실을 알고 정확하게 금액을 알려달라고 똑 부러지게 이야기해야 한다. 공항에서부터 기분이 나빠지는 가장 많은 유형으로 미국달러를 가지고 가서 환전해도 사기를 당하면 아무 소용이 없어진다. 은행에서 환전을 하는 것이 가장 안전하고 사설 환전소는 사람에 따라 환전사기를 하기 때문에 반드시 확인하는 습관을 길러야 한다.

택시

택시는 비나선Vinasun, 마일린Mailin이 모범택시에 가깝다. 공항에서 내리면 다양한 택시 회사가 있어서 타게 되면 요금이 2배로 비싸지기도 하여 조심해야 한다. 상대적으로 공항이용객이 많지 않은 나트랑의 캄란 국제공항에서는 택시사기가 많지 않으나 조심해야 한다.

주위의 접근은 다 거절하고 택시를 타는 곳에 있는 하얀 와이셔츠와 검은 바지를 입고 마일린 택시나 마일린 잡아주는 택시를 타는 것이 안전하다. 때로는 택시 기사에 따라 소액의 사기를 당하는 경우도 있다. 공항에서 나와 시내로 이동할 때 당하는 수법으로 마일린Mailin, 비나선Vinasun 택시를 타면 이상이 없다고 말하지만 때로는 회사가 비나선Vinasun이나 마일린Mailin이라도 택시기사에 따라 달라진다. 공항에서 시내는 미터기를 이야기하면서 이상 없다고 타게 되는데 사전에 얼마의 금액이 나오는지 미리 알고 싶다고 이야기하고 확인하고 탑승을 해야 한다. 거스름돈을 주지 않는 택시기사가 대부분이므로 거스름돈을 팁Tip으로 줄려고 하지 않는다면 반드시 달라고 해야 한다.

나트랑Nha Trang의 택시 대신에 그랩Grab을 이용하면 사기는 막을 수 있다. 그랩Grab은 사전에 제시한 금액 이외에는 지급을 하지 않아도 되기 때문이다. 그랩Grab이 반드시 택시보다 저렴하지 않으므로 택시를 정확하게 확인만 한다면 시내까지 이상 없이 이동할 수 있다. 요즈음 차량 공유서비스인 그랩Grab을 많이 사용하고 있어서 자신이 그랩Grab의 기사라고 하면서 접근하는 경우도 있는데 그랩은 절대 먼저 접근하지 않는다.

빈도가 높은 유형

많이 사기를 당하는 유형은 많이 알려져 있지만 다시 한번 상기를 하는 것이 좋아 소개한다.
공항에서 내려서 짐을 들고 나오면 택시기사들이 마일린(Mailin) 명함을 보여주며, 자신이 마일린Mailin 택시기사라고 하면서 따라오라고 하는 것이다. 따라가면 공항내의 주차장에 세워진 일반 승용차에 타라고 한다. 미터기는 없으니 수상하여 거절하고 공항으로 다시 가려고 하면 짐을 빼앗아 가기도 한다. 이때는 당황하지 말고 탄다고 하면서 어떻게든 짐을 돌려받아야 한다. 짐을 받으면 그때부터 따지면서 타지 말고 공항으로 돌아가야 한다.

가장 많은 사기 유형은 미터기가 없냐고 물어보면 괜찮다고 하면서 어디까지 가느냐고 물으면서 도착 지점까지 20만동에 가주겠다고 흥정을 한다. 그런데 이 흥정부터 받아주면 안 된다. 받아주는 순간부터 계속 끈질기게 다가오면서 흥정으로 마음을 빼앗으려고 계속 말을 걸어온다. 당연히 가보면 200만 동을 달라고 하는 어처구니없는 일이 발생하게 된다. 안 주려고 하면 내놓으라고 억지를 쓰고 경찰을 부른다는 협박까지 하게 된다. 그러면 무서워 울며 겨자 먹기로 돈을 주는 관광객이 발생하게 된다.
최근에는 이런 사기 유형은 많이 없어지고 있다. 명함을 주는 택시기사는 없다. 그들은 명함을 위조하여 가지고 있지만 관광객이 모를 뿐이다. 그들은 택시회사의 종류별로 다 가지고 있다. 또한 차가 승용차 같다면 바로 거절하여야 하고 미터기가 없으면 거절하여야 한다.

택시비 사기 유형과 대비법

마일린Mailin, 비나선Vinasun 택시를 타도 기사가 나쁜 사람이라면 어쩔 수가 없다. 택시비를 계산하려고 지갑에서 돈을 꺼내려 하면 다른 잔돈이 없냐고 물어보면서 지갑을 낚아채 간다. 당연히 내놓으라고 소리도 치고 겁박도 하면 지갑을 되돌려 받는데, 낚아채가는 짧은 순간에 이미 돈이 일부 사라져있다.
택시기사가 전 세계의 지폐에 관심이 많다고 하면서 대한민국 화폐를 보여 달라고 하면서 친근하게 말을 거는 경우이다. 이것도 똑같이 지갑을 손에 잡는 순간, “이거야?” 하면서 지갑을 빼앗아가고, 지갑을 돌려받아 확인하면 돈이 없어지는 상황이 발생한다.
택시를 탈 때 20만 동이나 50만 동 지폐는 꺼내지 않는 것이 좋다. 편의점이나 작은 상점에서 꼭 잔돈으로 바꾸고 택시를 타야 한다. 미리 예상비용에서 5~10만 동 정도만 더 준비하여 주머니에 넣어놓고 내릴 때 요금에 맞춰서 내면 문제가 발생하지 않는다.

소매치기

이 소매치기는 전 세계 어디에서나 마찬가지인데 정말 당할 사람은 당하고, 의심이 많고 조심하면 안 당하게 되는 것 같다. 베트남에 6개월이 넘는 기간 동안 머물고 있지만 한 번도 본적도 없고 당한 적도 없다. 하지만 크로스백에 필요한 물품만 들고 다니기 때문에 표적이 될 가능성이 적다. 또한 여행하는 날, 당일에 필요한 돈만 가지고 다닌다. 그래도 소매치기를 당하는 이야기를 들었기 때문에 조심하도록 알려드린다.

가장 많이 당하는 유형은 그랩Grab의 오토바이를 타고 이동하는 중에 배 앞에 놓인 가방을 노리고 오토바이로 다가와 갑자기 손으로 낚아채 가는 것으로 호치민이나 하노이 같은 대형도시에서 많이 일어난다. 아니면 길을 건널 때 다가와서 갑자기 가방의 팔을 치고 빠르게 달아난다. 소매치기를 시도해도 당하지 않으려면 소매치기가 가방을 움켜쥐어도 몸에서 떨어지지 않도록 대비하는 것이 유일한 방법이다. 요즈음은 가방도 잘 안 들고 다니는데 없는 게 더 안전한 방법일 것이다.

옆으로 메는 크로스백(Cross Bag)

끈을 잘라서 훔쳐간다. 벤탄 시장 같은 큰 시장의 많은 사람들이 몰리는 곳은 한번 들어갔다가 나오면 열려있는 주머니를 발견할 수도 있다.

뒤로 메는 백팩(Back Pack)

제일 당하기 쉬워서 시장에서 신나게 흥정을 하고 있을 때에 표적이 된다. 뒤에서 조심조심 물건을 빼가는 데 휴대폰이나 패드, 스마트폰이 표적이 된다. 사람이 많이 몰리는 곳에서는 백팩은 앞으로 매고 다니는 것이 좋다. 백팩은 버스 같은 대중교통을 이용할 때에 많이 당하게 된다. 버스를 타고 내릴 때 지갑만 없어져 버리기도 한다.

허리에 메는 전대

허리에 메고 다니는 전대는 베트남 사람들은 전혀 안하는 스타일의 가방이라서 많이 쳐다보게 된다. 허리에 있으나 역시 사람들이 많이 있으면 허리에 있는 전대는 보이지 않으므로 소매치기의 표적이 된다.

도로 / 길

대한민국처럼 핸드폰을 보면서 길을 걸으면 사고위험도 높아지고 소매치기의 좋은 타깃이 된다. 길에서 핸드폰의 사용은 자제하고 꼭 봐야한다면 도로의 안쪽에서 두 손으로 꼭 잡고 하는 것이 안전하다. 특히 대도시의 작은 골목에서 사진을 남기고 싶은 마음에 사진을 찍다가 핸드폰을 소매치기에게 빼앗긴 관광객이 많다. 그러면 카메라를 쓰면 소매치기의 표적이 안 되느냐 하면 그것도 아니다. 정겨운 골목길의 사진을 찍고 싶은 마음에 사람이 없는 골목으로 들어가서 사진을 찍고 있으면 골목 어디에선가 갑자기 오토바이가 '부응~~~'하고 다가와서 핸드폰을 채고 가버린다. 그러니 항상 조심하도록 하자. 현지인들이 사는 골목에 외국인 관광객이 들어가면 그들도 이상하여 쳐다보게 된다. 또한 소매치기가 어디에서인가 주시하고 있다.

핸드폰은 카페의 안에 앉아 사용하거나 사진을 찍고 싶으면 혼자가 아닌 2명이상 같이 다녀서 표적이 되지 않도록 조심해야 하고 도로를 걷고 있으면 휴대폰은 안쪽으로 들고 있거나 휴대폰을 안쪽에서 보도록 조심해야 한다. 또한 오토바이 소리가 난다 싶으면 핸드폰을 꼭 잡고 조심하도록 해야 한다.

인력거인 '릭샤Rickshaw'를 타고 가다가 기념하고 싶어서 긴 셀카봉에 핸드폰을 달아서 셀카를 찍고 있으면 인력거 밖에서 오토바이를 타고 셀카봉을 채가는 일이 최근에 많이 발생하고 있다.

카메라

최근에는 핸드폰으로 많이 사진을 찍기 때문에 빈도는 높지 않다. 커다란 카메라를 목에 걸고 다니는 관광객이 표적이 된다. 베트남 소매치기는 목에 걸고 다니든 허리에 걸고 다니든 상관을 안 한다.

오토바이로 채가면서 목에 걸고 있는 카메라를 빼앗기는 상황에서 넘어지게 되는데 카메라 줄이 목이 졸리게 되든지 다른 오토바이에 치이든지 상관을 안 하게 되므로 사고의 위험이 높다.

목에 걸고 있으면 위험하다. 사진을 찍고 나서 가방에 잘 넣어놔야 한다. 삼각대를 사용해 사진을 찍는 관광객은 대도시의 관광지에서는 삼각대에 놓는 순간 사라질 수 있다는 사실을 알고 조심해야 한다.

베트남 여행의 주의사항과 대처방법

로컬 시장

시장이 활기차고 흥정하는 맛도 있어서 시장을 선호하는 관광객도 많다. 시장에서는 늘 돈을 분산해서 가지고 다니는 것이 안전하다. 베트남사람들 앞에서 돈의 액수가 얼마나 있는지 보여 주는 것은 좋지 않다. 의심이라고 할 수도 있지만 문제가 발생하기 때문에 어쩔 수가 없다. 시장을 갈 일이 생기면 예상되는 이동거리의 왕복 택시비를 주머니에 넣고 혹시 모르는 택시비의 추가 경비로 10만동 정도를 가지고 시장에서 쓸 돈은 주머니에 넣는다. 지폐는 손에 들고 다녀도 된다.

레스토랑 / 식당

음식점에서 음식값이 다르게 계산되는 일은 빈번히 일어난다. 가장 빈번한 유형은 내가 주문하지 않은 음식이 청구되어 계산서에 금액이 올라서 놀라는 것이다.
2,000동 정도이면 물수건 사용금액이고, 10,000동이면 테이블위에 있는 서비스로 된 땅콩 등이 청구되는 것이지만 계산서에는 150,000~200,000동 정도가 추가되어 있는 것이다. 그러므로 계산을 할때는 반드시 나가기 전에 확인을 하고 하나하나 확인하는 것이 유일한 대비법이다. 다른 관광객은 “뭐 그렇게 따지나?”하고 생각할 수 있지만 당하지 않으면 기분이 나쁜 것을 모른다. 그러므로 반드시 확인해야 한다. 베트남에 오랜 시간 동안 있었지만 이것은 오래있던지 처음이던지 상관없이 어디에서나 일어나는 일이고 베트남 사람들도 반드시 계산할 때에 확인하는 습관이 있다는 사실을 알고 있다면 일일이 따지는 것은 문제가 되지 않는 행동이며 당연하게 확인해야 하는 습관이다.

레스토랑이 고급이던지 아니던지 상관없이 당당하게 과다청구 하는 경우는 흔하다. 만약 영수증이 베트남어로 되어 있다면 확인은 어렵지만 일일이 물어보면 확인할 수 있다.
베트남은 해산물 음식이 저렴하지 않다. 관광객은 동남아 국가이기 때문에 막연하게 해산물이 저렴하다고 생각하지만 저렴하지 않기 때문에 청구되는 음식가격도 만만치 않은 금액이 된다. 가격을 확인하지 않고 주문하면 계산서에 나오는 금액은 폭탄맞은 상황이 될 수 있어서 주문할 때도 확인을 하면서 해산물을 주문하는 것이 좋다. 늘 주문하기 전에 가격을 확인하는 습관이 필요하다.

팁(TIP)문화

원래부터 베트남에 팁TIP문화가 있었던 것은 아니지만, 최근에 해외 관광객의 증가로 인해 차츰 팁을 주는 분위기가 생겨나고 있다. 호텔이나 고급 레스토랑 등에서 일하는 종업원들은 손님으로부터 약간의 팁을 받는 것을 기대하고 있다. 그럴 때 팁 금액이 크지 않으므로 적당하게 팁을 주는 것이 더 좋은 서비스를 받을 수 있는 방법이기도 하다.
팁TIP 금액은 호텔 포터는 10,000~20,000동, 침실 청소원은 10,000~20,000동, 고급 레스토랑은 음식가격의 5%이내 정도이다.

신용카드

해외에서 여행을 하면 해외에서도 사용이 가능한 비자와 마스터 카드 등을 가지고 온다. 베트남에서 유명한 호텔이나 롯데마트 등에서 비자카드 사용은 괜찮다. 그런데 이중결제가 되는 경우가 은근이 많다.
어제, 결제했는데 갑자기 오늘 또 결제된 문자가 날아오는 경우도 있다. 수상한 문자가 계속 오기 때문에 기분이 찜찜한 것은 어쩔 수 없다. 레스토랑에서 신용카드로 결제하고 이중결제가 된 경험 이후에는 반드시 현금으로 결제를 하는 습관이 생겼다. 음식 가격이 부족하다면 인근의 ATM에서 현금인출을 하고 현금으로 주게 된다.

그랩(Grab)

그랩Grab은 동남아시아 여행에서 반드시 필요한 어플이다. 차량 공유서비스인 그랩Grab으로 위치와 금액을 확인하고, 확인된 기사와 타면 된다. 간혹 관광지에서 그랩Grab의 기사를 찾는 것이 택시기사 찾는 것 보다 힘든 경우가 있지만 대부분의 상황에서 그랩Grab은 편리한 이동 서비스이다.

가끔 이동하는 장소까지 택시를 타려고 하면, “지금 시간이 막히는 시간이라 2배 이상의 가격을 달라”는 것은 베트남에서 현지인에게도 흔하게 발생하는 일이다. 그래서 “안탄다.” 하고 내리면 흥정을 하면서 타라고 하는 경우가 흔하다. 그래서 현지인들도 그랩Grab을 상당히 많이 이용하고 있다.
꼭 택시를 타야 하는 상황이 아니면 그랩Grab 오토바이도 나쁘지 않다. 그랩Grab으로 아르바이트를 하는 학생들도 있어서 택시보다 잘 잡힌다. 그랩Grab 어플에 결제수단으로 카드를 등록해놓는 데 비양심적인 기사가 가격을 부풀려서 결제해버리는 경우가 있다. 그래서 반드시 현금으로 결제를 하는 것이 좋은 방법이다.

베트남 여행 중에 더위를 쫓기 위해 마시는 음료

무더운 날씨의 베트남 여행을 하면 길을 걷다가 달달하고 시원한 음료수를 마시고 싶은 생각이 굴뚝같아진다. 베트남 여행에서 상점이나 편의점, 마트에서 구입하는 음료수를 마시는 것 보다 길거리나 카페에서 맛볼 수 있는 다양한 음료수로 더위를 식히곤 한다.

1. 열대과일 셰이크

베트남에서 20,000~30,000동의 금액이면 길거리에서 열대과일 셰이크를 마실 수 있다. 더운 날씨의 무더위를 날려줄 음료가 1,000~1,500원 정도라니 행복하다. 생과일 셰이크를 즐길 수 있다는 사실만으로도 행복한데 저렴한 가격은 부담이 덜어진다. 망고나 패션 프루트, 코코넛, 파인애플, 수박, 아보카도 등 원하는 과일을 선택할 수 있다. 한 가지 과일만 선택해도 되고, 섞어서 마실 수도 있다. 각 도시마다 열대과일 셰이크 맛집들이 있지만 그보다는 갈증이 날 때 길거리에서 마시는 음료가 더 맛있을 것이다.

2. 카페 '쓰어다'

베트남을 대표하는 커피는 전국 어디서나 쉽게 볼 수 있는 베트남 전국민의 음료수이다. 특히 더운 여름날에는 달달한 연유 커피가 제격이다. 쓰어(연유)와 다(얼음)를 넣어 달달한 커피가 목구멍을 넘기는 시원함은 가슴까지 내려오기 전에 무더위를 없애준다. 진한 에스프레소에 연유를 넣어 만드는 아이스커피는 '아메리카노'로 대변되는 아이스커피보다 진하고 단맛이 강하다. 베트남 커피는 쓴맛과 단맛이 함께 느껴지므로 짜릿함이 더욱 강하게 느껴진다. 다만 양이 적으므로 얼음이 녹아 양이 많아질 때까지 기다려야 할 때도 있다.

3. 코코넛 아이스크림

코코넛을 단순하게 마시거나 얼려서 젤리처럼 만들어서 먹기도 한다. 또는 코코넛 안에 아이스크림을 담아 주기도 한다. 아이스크림 위에 각종 과일과 생크림을 듬뿍 얹어 주기도 하는데 코코넛을 손으로 잡기만 해도 맛있다. 아이스크림 안에는 코코넛 안에 하얀 과육이 더욱 단맛을 내주고 젤리처럼 쫄깃함까지 먹도록 해준다.

4. 사탕수수 주스

사탕수수를 기계로 짜서 먹는 시원한 사탕수수 주스는 단맛이 강하지 않다. 주문을 하면 그 자리에서 사탕수수 즙을 내서 준다. 수분이 강해 더위에 지칠 때 예부터 마시던 주스이다. 시원하지만 밍밍하다고 하는 사람들도 있지만 베트남의 길거리에서 한번은 맛보기를 추천한다.

5. 코코넛 밀크 커피

서울에도 문을 연 콩카페 덕에 핫한 코코넛 밀크 커피는 베트남 여행에서 어느 도시를 가도 빠지지 않고 마시는 커피이다. 진하고 쓴 베트남 커피와 코코넛 밀크가 어우러진 인기가 핫한 커피이다. 특히 다낭이나 호치민, 하노이, 나트랑 등을 여행하면 한번은 찾아가는 코코넛 밀크를 갈아 커피 위에 얹어 주는 커피이다.

스푼으로 코코넛을 떠 먹으면 마치 스무디에 가깝다는 생각이 든다. 얼음을 넣은 커피보다 시원하고 코코넛 특유의 달콤한 맛이 온몸으로 느껴진다. 가장 유명한 곳은 ‘콩카페Cong Ca Phe’로 베트남 대도시를 여행하면 관광지처럼 찾아가는 곳이다.

베트남 맥주의 변화

베트남의 맥주 소비량은 31억 ℓ 로 동남아시아 국가 중 최대로 아시아로 넓혀도 일본, 중국 다음으로 맥주 소비가 많은 국가이다. 베트남은 매년 6%에 가까운 경제성장률을 거두면서 베트남 소비자들의 생활수준이 향상되고 있다.

그래서 저녁의 맥주 소비가 즐거운 저녁시간을 가질 수 있게 되었다. 실제 통계에서도 베트남의 맥주 생산량은 31억 4000만 ℓ 로 8.1% 성장하여 베트남의 맥주 소비와 생산량은 37억~38억 ℓ 에 달할 것으로 예상하고 있다.

2018년에 박항서 감독은 베트남 축구의 변화를 이끌고 베트남 사람들의 자존심을 세워주는 역할을 했다. 그런데 베트남의 축구경기를 하는 날에는 맥주를 주문하는 것을 보면서 상당한 변화가 있다는 사실을 알게 되었다.

예전 같으면 저가 생맥주인 비어 허이[Bia hoi]를 주문해 마셨을 사람들이 비아 사이공[Bia Saigon]을 주문하거나 베트남에서 고급 맥주로 알려진 타이거 맥주[Tiger Beer]를 주문해 마시고 있는 것이었다. 병맥주와 캔 맥주 생산량이 증가하면서 저가가 아닌 고급 맥주시장인 병맥주와 캔 맥주 시장이 뜨고 있다. 그래서 박항서 감독은 베트남의 고급 맥주 시장을 열어주고 활성화시킨 장본인이라고 할 정도로 고급 맥주의 소비를 급등시켰다.

비어허이(Bia hoi)

보리가 아닌 쌀, 옥수수, 칡 등의 값싼 원료로 만들어진 생맥주로 거리 노점이나 현지 식당에서 잔이나 피쳐 등으로 판매되고 있다. 잔당 가격이 6,000~10,000동(300~500원)으로 아직 지갑이 가벼운 서민들에게 크게 사랑을 받은 맥주의 대명사였지만 최근에 고전 중이다.

대형 맥주회사에서 비어 허이를 생산하지만 대부분의 비어 허이는 정부로부터 사업 허가를 받지 않은 영세 사업장에서 생산된 것이다. 제조, 운반 과정에서의 위생 상태를 보장할 수 없고 다량생산을 위해 제조 과정에서 충분한 발효기간을 거치지 않고 출고하는 경우가 많았다. 비어 허이를 많이 마시면 두통이나 어지러움 등의 증상이 유발된다고 하는데 충분한 발효과정을 통해 제거되지 못한 맥주 효모 속 독소 때문이라고 한다.

로컬 맥주 비비나 맥주(Bivina Beer)

1997년 10월에 비비나(Bivina) 맥주는 푸꾸옥(Phu Quoc)에서 생산을 하기 시작했다. 아로마 & 곡물 맛이 건조하고 평균적이지만 상쾌한 맛을 낸 전통 맥주이다. 부드럽고 시원한 향을 내지만 맛이 약해서 호불호가 갈린다. 점점 마시는 사람들이 줄어들면서 하이네켄(Heineken) 맥주와 함께 푸꾸옥(Phu Quoc)에서 생산하고 있다. 다만 맥주의 맛은 하이네켄(Heineken)과 전혀 다르다.

타이거(Tiger), 하이네켄(Heineken)과 함께 인기 있는 프리미엄 브랜드로 성장시키기 위해 맥주 생산을 하지만 인지도는 높아지지 않고 있다. 우리가 마시던 '카스'와 비슷한 맛을 낸다고 볼 수 있다.

베트남 사람들이 해산물을 저렴하게 즐기는 방법

베트남은 남북으로 길게 뻗어 해안을 끼고 있는 국토를 가지고 있는 나라이다. 그래서 베트남의 해산물과 생선요리는 저렴할 것이라고 생각하지만 실제로 해산물 요리를 먹으려고 레스토랑에 가면 비싼 가격에 놀라게 된다. 그런데 관광객에게만 해산물 요리가 비싼 것이 아니다. 베트남 사람들에게도 해산물 요리는 매우 비싼 요리로 쉽게 먹을 수 있는 요리는 아니다. 그래서 해안에 사는 베트남 사람들이 해산물과 생선요리를 저렴하게 먹는 방법이 있었다. 그들과 함께 오랜 시간을 보내면서 어촌 마을의 하루를 알 수 있었다.

매일 새벽 해안에서 잡은 해산물은 작고 동그란 배들이 다시 싣고 바닷가로 가지고 온다. 그 전에는 TV타큐멘터리에서 이런 장면이 베트남 중부의 무이네Muine에만 나와서 무이네의 고유한 것들이라고 알고 있었지만 베트남의 해안에는 어디를 가든지 비슷한 장면이 어촌 마을에는 보인다. 무이네Muine, 나트랑Nha Trang, 푸꾸옥Phu Quoc 등의 어촌에서 비슷하다.

해안에 도착한 생선들과 해산물은 많은 여성들이 받아서 경매를 하기 시작한다. 크고 신선한 생산과 해산물은 인근의 유명하고 인기 있는 레스토랑과 음식점에서 매일 판매를 해야 하므로 경매로 구입을 한다.

다음으로 작은 식당에서 다시 해산물을 구입하고 나면 아침의 판매는 끝이 난다. 여성들은 빠르게 집으로 돌아가 아침을 자식들에게 먹여야 하기 때문에 집으로 돌아간다. 이때가 처음으로 저렴하게 해산물과 생선을 저렴하게 구입할 수 있는 때이다. 잘 흥정을 하면 그냥 돌아가느니 저렴하게라도 팔고 싶은 판매자에게 해산물을 저렴하게 구입할 수 있다.

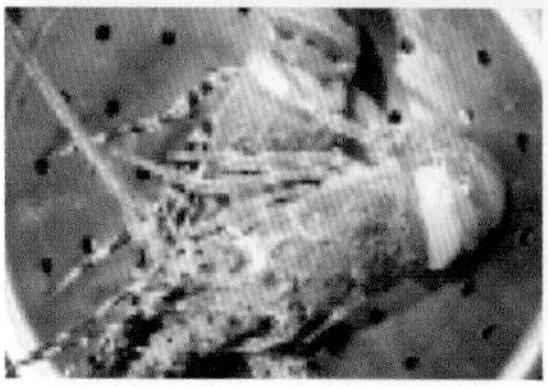

그렇게 끝이 나는 아침의 경매시장에도 남아 있는 사람들이 있다. 이들은 결혼하지 않은 여성들이 대부분으로 조금 늦게 일어나서 아침을 먹고 나온 여성들이다. 남아있는 생선과 해산물은 계속 판매를 한다. 아직은 크고 신선한 해산물과 생선요리가 필요한 상인들과 레스토랑이 있기 때문에 판매를 한다.
시간이 지나면서 판매를 하고 남아있는 생선과 해산물은 신선도가 떨어지면서 가격이 떨어지고 점심식사를 하고 나면 거의 해산물과 생선은 없어진다. 오후가 되면 해산물을 먹고 싶은 근처에 살고 있는 사람들이 오면서 남아있는 조개나 크랩 등을 구입하게 된다. 생선은 대부분 오전에 판매를 하고 오후에는 상할 수 있으므로 판매를 하지 않는다.
남아있는 해산물은 모두 떨이로 판매를 하므로 커다란 바구니에 담아 판매를 한다. 신선도는 떨어지고 크지도 않은 해산물이 같이 있지만 바구니채로 판매를 하므로 양이 많고 저렴하다. 대부분 현지에 사는 사람들에게 판매를 하기 때문에 저렴하게 빨리 팔고 돌아가려는 판매자들도 가격을 비슷하게 부르기만 하면 주게 된다. 흥정이 많이 필요하지 않다. 왜냐하면 여기서 못 팔게 되면 어차피 상하여 버리게 될 수밖에 없기 때문이다.

100,000~200,000동(약 5,000~10,000원)에 엄청난 양의 해산물을 먹을 수 있다. 구입한 해산물은 인근 레스토랑에서 요리를 해 온다. 오후가 되면 인근의 레스토랑은 저녁 장사를 하기 위해 판매를 준비하고 요리를 할 수 있도록 불도 피워놓기 때문에 저렴하게(30,000~50,000동) 요리를 해준다. 그렇게 요리까지 되면 가족들이 모두 모여 해산물을 먹으면서 이야기꽃을 피운다. 내가 이들과 같이 흥정하기도 하지만 베트남어를 못하는 내가 이 장소에 있다는 것만으로 현지인들은 신기해하고 원하는 가격에 해산물이 가득 찬 바구니를 주었다. 오히려 나에게 더 저렴하게 주기 때문에 내가 흥정에 나서는 것이 더 저렴할 때도 많아지는 신기한 경험을 할 수 있었다.

푸꾸옥 VS 나트랑의 공통점

베트남의 인기가 뜨겁다. 저렴한 물가, 비교적 짧은 비행시간, 발달한 관광인프라가 어우러졌기 때문이다. 특히 다낭을 지나 나트랑과 푸꾸옥은 인근의 아름다운 해변을 가까이 끼고 있다는 점이 매력이다.

1. 자연경관

천혜의 자연을 누릴 수 있는 베트남 도시라는 공통점이 있다. 자연경관으로 유명한 베트남 푸꾸옥은 유네스코가 지정한 세계 생물권 보존지역인 만큼 청정하고 아름다운 풍경으로 베트남 내에서도 손꼽히는 곳이며, 나트랑도 '동양의 나폴리'라는 별칭처럼 6㎞에 달하는 길고 넓은 나트랑 비치가 있다.

2. 가족 여행지

편안한 여행과 휴양을 선호하는 가족단위 여행객에게 매력적인 여행지이다. 액티브한 여행을 즐길 수 있고 재방문율이 높은 여행지로 알려져 있다.

3. 신선한 공기

미세먼지와 스모그로 푸른 하늘을 볼 수 있는 깨끗한 공기가 절실한 대한민국 사람들에게 상쾌하고 한적함뿐만 아니라 대중적이지 않아서 신선함까지 있다. 점차 활기차고 고도로 발달된 도시보다 맑은 공기를 마실 수 있고 아직 잘 알려지지 않은 여행지를 선호하고 있다. 이 중에 베트남의 나트랑과 푸꾸옥으로 향하는 여행자가 늘어나고 있다.

4. 신규 취항 집중

점점 많은 신규취항으로 푸꾸옥과 나트랑이 올해 새로운 여행지로 급부상하고 있다는 공통점이 있다. 베트남 남부의 나트랑의 인기가 상승하고 있는 데, 남서부의 섬인 푸꾸옥이 가세하고 있다. 푸꾸옥 여행자는 직항 노선이 없어 점차 하락하고 있는 추세였지만 비엣젯 항공과 이스타 항공이 직항 노선을 개설하면서 증가세가 올라가고 있다.

나트랑과 푸꾸옥은 저가항공 LCC의 신규 취항이 늘어나는 상황을 보면 알 수 있다. 푸꾸옥은 이스타 항공이 2월 15일 직항을 시작했고, 나트랑은 이스타 항공(2월 1일)과 티웨이 항공(2월 20일)이 정기 노선을 운항하고 있다.

푸 꾸 옥
한달살기

u Quoc

솔직한 한 달 살기

요즈음, 마음에 꼭 드는 여행지를 발견하면 자꾸 '한 달만 살아보고 싶다'는 이야기를 많이 듣는다. 그만큼 한 달 살기로 오랜 시간 동안 해외에서 여유롭게 머물고 싶어 하기 때문이다. 직장생활이든 학교생활이든 일상에서 한 발짝 떨어져 새로운 곳에서 여유로운 일상을 꿈꾸기 때문일 것이다.

최근에는 한 달, 혹은 그 이상의 기간 동안 여행지에 머물며 현지인처럼 일상을 즐기는 '한 달 살기'가 여행의 새로운 트렌드로 자리잡아가고 있다. 천천히 흘러가는 시간 속에서 진정한 여유를 만끽하려고 한다. 그러면서 한 달 동안 생활해야 하므로 저렴한 물가와 주위

에 다양한 즐길 거리가 있는 도시들이 한 달 살기의 주요 지역으로 주목 받고 있다. 한 달 살기의 가장 큰 장점은 짧은 여행에서는 느낄 수 없었던 색다른 매력을 발견할 수 있다는 것이다.

사실 한 달 살기로 책을 쓰겠다는 생각을 몇 년 전부터 했지만 마음이 따라가지 못했다. 우리의 일반적인 여행이 짧은 기간 동안 자신이 가진 금전 안에서 최대한 관광지를 보면서 많은 경험을 하는 것을 하는 것이 자유여행의 패턴이었다. 하지만 한 달 살기는 확실한 '소확행'을 실천하는 행복을 추구하는 것처럼 보였다. 많은 것을 보지 않아도 느리게 현지의 생활을 알아가는 스스로 만족을 원하는 여행이므로 좋아 보였다. 내가 원하는 장소에서 하루하루를 즐기면서 살아가는 문화와 경험을 즐기는 것은 좋은 여행방식이다. 하지만 많은

도시에서 한 달 살기를 해본 결과 한 달 살기라는 장기 여행의 주제만 있어서 일반적으로 하는 여행은 그대로 두고 시간만 장기로 늘린 여행이 아닌 것인지 의문이 들었다. 현지인들이 가는 식당을 가는 것이 아니고 블로그에 나온 맛집을 찾아가서 사진을 찍고 SNS에 올리는 것은 의문을 가지게 만들었다. 현지인처럼 살아가는 것이 아니라 풍족하게 살고 싶은 것이 한 달 살기인가라는 생각이 강하게 들었다.

현지인과의 교감은 없고 맛집 탐방과 SNS에 자랑하듯이 올리는
여행의 새로운 패턴인가, 그냥 새로운 장기 여행을 하는 여행자일 뿐이 아닌가?

현지인들의 생활을 직접 그들과 살아가겠다고 마음을 먹고 살아도 현지인이 되기는 힘들다. 여행과 현지에서의 삶은 다르기 때문이다. 단순히 한 달 살기를 하겠다고 해서 그들을 알 수도 없는 것은 동일할 수도 있다. 그래서 한 달 살기가 끝이 나면 언제든 돌아갈 수 있다는 것은 생활이 아닌 여행자만의 대단한 기회이다. 그래서 한동안 한 달 살기가 마치 현지인의 문화를 배운다는 것은 거짓말로 느껴졌다.

시간이 지나면서 다시 생각을 해보았다. 어떻게 여행을 하든지 각자의 여행이 스스로에게 행복한 생각을 가지게 한다면 그 여행은 성공한 것이다. 그것을 배낭을 들고 현지인들과 교감을 나누면서 배워가고 느낀다고 한 달 살기가 패키지여행이나 관광지를 돌아다니는 여행보다 우월하지도 않다. 한 달 살기를 즐기는 주체인 자신이 행복감을 느끼는 것이 핵심이라고 결론에 도달했다.

요즈음은 휴식, 모험, 현지인 사귀기, 현지 문화체험 등으로 하나의 여행 주제를 정하고 여행지를 선정하여 해외에서 한 달 살기를 해보면 좋다. 맛집에서 사진 찍는 것을 즐기는 것으로도 한 달 살기는 좋은 선택이 된다. 일상적인 삶에서 벗어나 낯선 여행지에서 오랫동안 소소하게 행복을 느낄 수 있는 한 달 동안 여행을 즐기면서 자신을 돌아보는 것이 한 달 살기의 핵심인 것 같다.

떠나기 전에 자신에게 물어보자!

한 달 살기 여행을 떠나야겠다는 마음이 의외로 간절한 사람들이 많다. 그 마음만 있다면 앞으로의 여행 준비는 그리 어렵지 않다. 천천히 따라가면서 생각해 보고 실행에 옮겨보자.

내가 장기간 떠나려는 목적은 무엇인가?

여행을 떠나면서 배낭여행을 갈 것인지, 패키지여행을 떠날 것인지 결정하는 것은 중요하다. 하물며 장기간 한 달을 해외에서 생활하기 위해서는 목적이 무엇인지 생각해 보는 것이 중요하다. 일을 함에 있어서도 목적을 정하는 것이 계획을 세우는데 가장 기초가 될 것이다. 한 달 살기도 어떤 목적으로 여행을 가는지 분명히 결정해야 질문에 대한 답을 찾을 수 있다.

아무리 아무 것도 하지 않고 지내고 싶다고 할지라도 1주일 이상 아무것도 하지 않고 집에서만 머물 수도 없는 일이다. 런던은 휴양, 다양한 엑티비티 보다는 박물관 체험과 도서관 즐기기 등과 나의 로망여행지에서 살아보기, 내 아이와 함께 해외에서 보내보기 등등 다양하다.

목표를 과다하게 설정하지 않기

자신이 해외에서 산다고 한 달 동안 어학을 목표로 하기에는 다소 무리가 있다. 무언가 성과를 얻기에는 짧은 시간이기 때문이다. 1주일은 해외에서 사는 것에 익숙해지고 2~3주에 현지에 적응을 하고 4주차에는 돌아올 준비를 하기 때문에 4주 동안이 아니고 2주 정도이다. 하지만 해외에서 좋은 경험을 해볼 수 있고, 친구를 만들 수 있다. 이렇듯 한 달 살기도 다양한 목적이 있으므로 목적을 생각하면 한 달 살기 준비의 반은 결정되었다고 생각할 수도 있다.

여행지와 여행 시기 정하기

한 달 살기의 목적이 결정되면 가고 싶은 한 달 살기 여행지와 여행 시기를 정해야 한다. 목적에 부합하는 여행지를 선정하고 나서 여행지의 날씨와 자신의 시간을 고려해 여행 시기를 결정한다. 여행지도 성수기와 비수기가 있기에 한 달 살기에서는 여행지와 여행시기의 틀이 결정되어야 세부적인 예산을 정할 수 있다.

여행지를 선정할 때 대부분은 안전하고 날씨가 좋은 동남아시아 중에 선택한다. 예산을 고려하면 항공권 비용과 숙소, 생활비가 크게 부담이 되지 않는 태국의 방콕, 치앙마이, 인도네시아 발리 중에서 선택하게 된다. 최근에는 베트남에서도 한 달 살기가 증가하고 있다.

한 달 살기의 예산정하기

누구나 여행을 하면 예산이 가장 중요하지만 한 달 살기는 오랜 기간을 여행하는 거라 특히 예산의 사용이 중요하다. 돈이 있어야 장기간 문제가 없이 먹고 자고 한 달 살기를 할 수 있기 때문이다.

한 달 살기는 한 달 동안 한 장소에서 체류하므로 자신이 가진 적정한 예산을 확인하고, 그 예산 안에서 숙소와 한 달 동안의 의식주를 해결해야 한다. 여행의 목적이 정해지면 여행을 할 예산을 결정하는 것은 의외로 어렵지 않다. 또한 여행에서는 항상 변수가 존재하므로 반드시 비상금도 따로 준비를 해 두어야 만약의 상황에 대비를 할 수 있다. 대부분의 사람들이 한 달 살기 이후의 삶도 있기에 자신이 가지고 있는 예산을 초과해서 무리한 계획을 세우지 않는 것이 중요하다.

세부적으로 확인할 사항

1. 나의 여행스타일에 맞는 숙소형태를 결정하자.

지금 여행을 하면서 느끼는 숙소의 종류는 참으로 다양하다. 호텔, 민박, 호스텔, 게스트하우스가 대세를 이루던 2000년대 중반까지의 여행에서 최근에는 에어비앤비Airbnb나 부킹닷컴, 호텔스닷컴 등까지 더해지면서 한 달 살기를 하는 장기여행자를 위한 숙소의 폭이 넓어졌다.

숙박을 할 수 있는 도시로의 장기 여행자라면 에어비앤비Airbnb보다 더 저렴한 가격에 방이나 원룸(스튜디오)을 빌려서 거실과 주방을 나누어서 사용하기도 한다. 방학 시즌에 맞추게 되면 방학동안 해당 도시로 역으로 여행하는 현지 거주자들의 집을 1~2달 동안 빌려서 사용할 수도 있다. 그러므로 자신의 한 달 살기를 위한 스타일과 목적을 고려해 먼저 숙소형태를 결정하는 것이 좋다.

무조건 수영장이 딸린 콘도 같은 건물에 원룸으로 한 달 이상을 렌트하는 것만이 좋은 방법은 아니다. 혼자서 지내는 '나 홀로 여행'에 저렴한 배낭여행으로 한 달을 살겠다면 호스텔이나 게스트하우스에서 한 달 동안 지내는 것이 나을 수도 있다. 최근에는 아파트인데 혼자서 지내는 작은 원룸 형태의 아파트에 주방을 공유할 수 있는 곳을 예약하면 장기 투숙 할인도 받고 식비를 아낄 수 있도록 제공하는 곳도 생겨났다. 아이가 있는 가족이 여행하는 것이라면 안전을 최우선으로 장기할인 혜택을 주는 콘도를 선택하면 낫다.

2. 한 달 살기 도시를 선정하자.

어떤 숙소에서 지낼 지 결정했다면 한 달 살기 하고자 하는 근처와 도시의 관광지를 살펴보는 것이 좋다. 자신의 취향을 고려하여 도시의 중심에서 머물지, 한가로운 외곽에서 머물면서 대중교통을 이용해 이동할지 결정한다.

3. 숙소를 예약하자.

숙소 형태와 도시를 결정하면 숙소를 예약해야 한다. 발품을 팔아 자신이 살 아파트나 원룸 같은 곳을 결정하는 것처럼 한 달 살기를 할 장소를 직접 가볼 수는 없다. 대신에 손품을 팔아 인터넷 카페나 SNS를 통해 숙소를 확인하고 숙박 어플을 통해 숙소를 예약하거나 인터넷 카페 등을 통해 예약한다.
최근에는 호텔 숙박 어플에서 장기 숙소를 확인하기도 쉬워졌고 다양하다. 어플마다 쿠폰이나 장기간 이용을 하면 할인혜택이 있으므로 검색해 비교해보면 유용하다.

장기 숙박에 유용한 앱

각 호텔 앱
호텔 공식 사이트나 호텔의 앱에서 패키지 상품을 선택 할 경우 예약 사이트를 이용하면 저렴하게 이용할 수 있다.

인터넷 카페
각 도시마다 인터넷 카페를 검색하여 카페에서 숙소를 확인할 수 있는 숙소의 정보를 확인할 수 있다.

에어비앤비(Airbnb)
개인들이 숙소를 제공하기 때문에 안전한지에 대해 항상 문제는 있지만 장기여행 숙소를 알리는 데 일조했다. 가장 손쉽게 접근할 수 있는 사이트로 빨리 예약할수록 저렴한 가격에 슈퍼호스트의 방을 예약할 수 있다.

호텔스컴바인, 호텔스닷컴, 부킹닷컴 등
다양하지만 비슷한 숙소를 검색할 수 있는 기능과 할인율을 제공하고 있다.

호텔스닷컴
숙소의 할인율이 높다고 알려져 있지만 장기간 숙박은 다를 수 있으므로 비교해 보는 것이 좋다.

4. 숙소 근처를 알아본다.

지도를 보면서 자신이 한 달 동안 있어야 할 지역의 위치를 파악해 본다. 관광지의 위치, 자신이 생활을 할 곳의 맛집이나 커피숍 등을 최소 몇 곳만이라도 알고 있는 것이 필요하다.

베트남 푸꾸옥 한 달 살기 비용

베트남의 지중해인 푸꾸옥은 중부의 호이안Hoian이나 북부의 하노이에 비하면 물가가 조금 저렴한 곳이다. 다만 항공비용을 제외하고 숙박비가 저렴하지 않다. 최근에 올라가는 물가 때문에 저렴하기는 하지만 '너무 싸다'는 생각은 금물이다.

저렴하다는 생각만으로 한 달 살기를 왔다면 실망할 가능성이 높다. 여행을 계획하고 실행에 옮기면 가장 많이 돈이 들어가는 부분은 항공권과 숙소비용이다. 또한 여행기간 동안 사용할 식비와 버스 같은 교통수단의 비용이 가장 일반적이다. 베트남에서 한 달 살기를 많이 하는 도시는 중부의 호이안과 남부의 달랏과 푸꾸옥이다. 그러나 숙박비를 제외하면 달랏과 차이가 없다는 점을 인식하고 한 달 살기의 비용을 파악해보자.

항목	내용	경비
항공권	푸꾸옥으로 이동하는 항공권이 필요하다. 항공사, 조건, 시기에 따라 다양한 가격이 나온다.	약 31~58만 원
숙소	한 달 살기는 대부분 아파트 같은 혼자서 지낼 수 있는 숙소가 필요하다. 홈스테이부터 숙소들을 부킹닷컴이나 에어비앤비 등의 사이트에서 찾을 수 있다. 각 나라만의 장기여행자를 위한 전문 예약 사이트(어플)에서 예약하는 것도 추천한다.	한 달 약 350,000~800,000원
식비	아파트 같은 숙소를 이용하려는 이유는 식사를 숙소에서 만들어 먹으려는 하기 때문이다. 대형 마트나 시장에서 장을 보면 물가는 저렴하다는 것을 알 수 있다. 외식물가는 나라마다 다르지만 대한민국과 비교해 조금 저렴한 편이다.	한 달 약 300,000~600,000원
교통비	교통비는 매우 저렴하다. 다만 다른 도시로 이동하여 관광지를 돌아보려면 투어나 오토바이를 이용해야 하므로 저렴한 편은 아니다. 주말에 근교를 여행하려면 추가 경비가 필요하다.	교통비 50,000~150,000원
TOTAL		81~141만 원

한 달 살기는 삶의 미니멀리즘이다.

요즈음 한 달 살기가 늘어나면서 뜨는 여행의 방식이 아니라 하나의 여행 트렌드로 자리를 잡고 있다. 한 달 살기는 다시 말해 장기여행을 한 도시에서 머물면서 새로운 곳에서 삶을 살아보는 것이다. 삶에 지치거나 지루해지고 권태로울 때 새로운 곳에서 쉽게 다시 삶을 살아보는 것이다. 즉 지금까지의 인생을 돌아보면서 작게 자신을 돌아보고 한 달 후 일상으로 돌아와 인생을 잘 살아보려는 행동의 방식일 수 있다.

삶을 작게 만들어 새로 살아보고 일상에서 필요한 것도 한 달만 살기 위해 짐을 줄여야 하며, 새로운 곳에서 새로운 사람들과의 만남을 통해서 작게나마 자신을 돌아보는 미니멀리즘인 곳이다. 집 안의 불필요한 짐을 줄이고 단조롭게 만드는 미니멀리즘이 여행으로 들어와 새로운 여행이 아닌 작은 삶을 떼어내 새로운 장소로 옮겨와 살아보면서 현재 익숙해진 삶을 돌아보게 된다.

다른 사람들과 만나고 새로운 일상이 펼쳐지면서 새로운 일들이 생겨나고 새로운 일들은 예전과 다르게 어떻다는 생각을 하게 되면 왜 그때는 그렇게 행동을 했을 지 생각을 해보게 된다. 한 달 살기에서는 일을 하지 않으니 자신을 새로운 삶에서 생각해보는 시간이 늘어나게 된다. 그래서 부담없이 지내야 하기 때문에 물가가 저렴해 생활에 지장이 없어야 하고 위험을 느끼지 않으면서 지내야 편안해지기 때문에 안전한 베트남의 나트랑이 달랏, 호이안, 푸꾸옥 등을 선호하게 된다.

외국인에게 개방된 나라가 새로운 만남이 많으므로 외국인에게 적대감이 없는 태국이나, 한국인에게 호감을 가지고 있는 베트남이 선택되게 된다.

새로운 음식도 매일 먹어야 하므로 내가 매일 먹는 음식과 크게 동떨어지기보다 비슷한 곳이 편안하다. 또한 대한민국의 음식들을 마음만 먹는 다면 쉽고 간편하게 먹을 수 있는 곳이 더 선호될 수 있다.

삶을 단조롭게 살아가기 위해서 바쁘게 돌아가는 대도시보다 소도시를 선호하게 되고 현대적인 도시보다는 옛 정취가 남아있는 그늑한 분위기의 도시를 선호하게 된다. 그러면서도 쉽게 맛있는 음식을 다양하게 먹을 수 있는 식도락이 있는 도시를 선호하게 된다.
그렇게 베트남 한 달 살기에서 선택된 도시는 베트남의 지중해, 중부의 호이안, 남부의 달랏 등이 많다. 위에서 언급한 저렴한 물가, 안전한 치안, 한국인에 대한 호감도, 한국인에게 맞는 음식 등이 가진 중요한 선택사항이다.

경험의 시대

소유보다 경험이 중요해졌다. '라이프 스트리머Life Streamer'라고 하여 인생도 그렇게 산다. 스트리밍 할 수 있는 나의 경험이 중요하다. 삶의 가치를 소유에 두는 것이 아니라 경험에 두기 때문이다.

예전의 여행은 한번 나가서 누구에게 자랑하는 도구 중의 하나였다. 그런데 세상은 바뀌어 원하기만 하면 누구나 해외여행을 떠날 수 있는 세상이 되었다. 여행도 풍요 속에서 어디를 갈지 고를 것인가가 굉장히 중요한 세상이 되었다. 나의 선택이 중요해지고 내가 어떤 가치관을 가지고 여행을 떠나느냐가 중요해졌다.

개개인의 욕구를 충족시켜주기 위해서는 개개인을 위한 맞춤형 기술이 주가 되고, 사람들은 개개인에게 최적화된 형태로 첨단기술과 개인이 하고 싶은 경험이 연결될 것이다. 경험에서 가장 하고 싶어 하는 것은 여행이다. 그러므로 여행을 도와주는 각종 여행의 기술과 정보가 늘어나고 생활화 될 것이다.

세상을 둘러싼 이야기, 공간, 느낌, 경험, 당신이 여행하는 곳에 관한 경험을 제공한다. 당신이 여행지를 돌아다닐 때 자신이 아는 것들에 대한 것만 보이는 경향이 있다. 그런데 가

끔찍 새로운 것들이 보이기 시작한다. 이때부터 내 안의 호기심이 발동되면서 나 안의 호기심을 발산시키면서 여행이 재미있고 다시 일상으로 돌아올 나를 달라지게 만든다. 나를 찾아가는 공간이 바뀌면 내가 달라진다. 내가 새로운 공간에 적응해야 하기 때문이다.
여행은 새로운 공간으로 나를 이동하여 새로운 경험을 느끼게 해준다. 그러면서 우연한 만남을 기대하게 하는 만들어주는 것이 여행이다.

당신이 만약 여행지를 가면 현지인들을 볼 수 있고 단지 보는 것만으로도 그들의 취향이 당신의 취향과 같을지 다를지를 생각할 수 있다. 세계는 서로 조화되고 당신이 그걸 봤을 때 "나는 이곳을 여행하고 싶어 아니면 다른 여행지를 가고 싶어"라고 생각할 수 있다. 여행지에 가면 세상을 알고 싶고 이야기를 알고 싶은 유혹에 빠지는 마음이 더 강해진다. 우리는 적절한 때에 적절한 여행지를 가서 볼 필요가 있다. 만약 적절한 시기에 적절한 여행지를 만난다면 사람의 인생이 달라질 수도 있다.

여행지에서는 누구든 세상에 깊이 빠져들게 될 것이다. 전 세계 모든 여행지는 사람과 문화를 공유하는 기능이 있다. 누구나 여행지를 갈 수 있다. 막을 수가 없다. 누구나 와서 어떤 여행지든 느끼고 갈 수 있다는 것, 여행하고 나서 자신의 생각을 바꿀 수 있다는 것이 중요하다. 그래서 여행은 건강하게 살아가도록 유지하는 데 필수적이다. 여행지는 여행자에게 나눠주는 로컬만의 문화가 핵심이다.

또 하나의 공간, 새로운 삶을 향한 한 달 살기

"여행은 숨을 멎게 하는 모험이자 삶에 대한 심오한 성찰이다"

한 달 살기는 여행지에서 마음을 담아낸 체험을 여행자에게 선사한다. 한 달 살기는 출발하기는 힘들어도 일단 출발하면 간단하고 명쾌해진다. 도시에 이동하여 바쁘게 여행을 하는 것이 아니고 살아보는 것이다. 재택근무가 활성화되면 더 이상 출근하지 않고 전 세계 어디에서나 일을 할 수 있는 세상이 열린다. 새로운 도시로 가면 생생하고 새로운 충전을 받아 힐링Healing이 된다. 한 달 살기에 빠진 것은 포르투갈의 포르투Porto와 베트남의 푸꾸옥, 나트랑, 호이안을 찾았을 때, 느긋하게 즐기면서도 저렴한 물가에 마음마저 편안해지는 것에 매료되게 되었다.

무한경쟁에 내몰린 우리는 마음을 자연스럽게 닫았을지 모른다. 그래서 천천히 사색하는 한 달 살기에서 더 열린 마음이 될지도 모른다. 삶에서 가장 중요한 것은 행복한 것이다. 뜻하지 않게 사람들에게 받는 사랑과 도움이 자연스럽게 마음을 열게 만든다. 하루하루가 모여 나의 마음도 단단해지는 곳이라고 생각한다.

인공지능시대에 길가에 인간의 소망을 담아 돌을 올리는 것은 인간미를 느끼게 한다. 한 달 살기를 하면서 도시의 구석구석 걷기만 하니 가장 고생하는 것은 몸의 가장 밑에 있는 발이다. 걷고 자고 먹고 이처럼 규칙적인 생활을 했던 곳이 언제였던가? 규칙적인 생활에도 용기가 필요했나보다.

한 달 살기 위에서는 매일 용기가 필요하다. 용기가 하루하루 쌓여 내가 강해지는 곳이 느껴진다. 고독이 쌓여 나를 위한 생각이 많아지고 자신을 비춰볼 수 있다. 현대의 인간의 삶은 사막 같은 삶이 아닐까? 이때 나는 전 세계의 아름다운 도시를 생각했다. 인간에게 힘든 삶을 제공하는 현대 사회에서 천천히 도시를 음미할 수 있는 한 달 살기가 사람들을 매료시키고 있다.

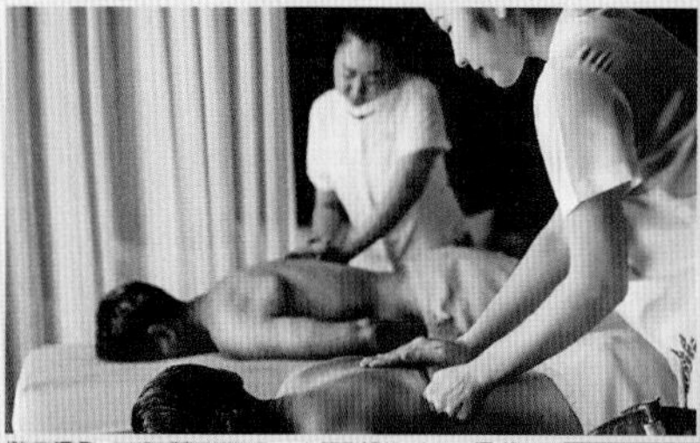

한 달 살기의 대중화

코로나 바이러스의 팬데믹 이후의 여행은 단순 방문이 아닌, '살아보는' 형태의 경험으로 변화할 것이다. 만약 코로나19가 지나간 후 우리의 삶에 어떤 변화가 다가올 것인가?

코로나 바이러스 팬데믹 이후에도 우리는 여행을 할 것이다. 여행을 하지 않고 살아갈 수 있는 사회로 돌아가지는 않는다. 이런 흐름에 따라 여행할 수 있도록, 대규모로 가이드와 함께 관광지를 보고 돌아가는 패키지 중심의 여행은 개인들이 현지 중심의 경험을 제공할 수 있는 다양한 방식의 여행이 활성화될 수 있다. 많은 사람이 '살아보기'를 선호하는 지역의 현지인들과 함께 다양한 액티비티가 확대되고 있다. 코로나19로 인해 국가 간 이동성이 위축되고 여행 산업 전체가 지금까지와 다른 형태로 재편될 것이지만 역설적으로 여행 산업에는 새로운 성장의 기회가 될 수 있다.

코로나 바이러스가 지나간 이후에는 지금도 가속화된 디지털 혁신을 통한 변화를 통해 우리의 삶에서 시·공간의 제약이 급격히 사라질 것이다. 디지털 유목민이라고 불리는 '디지털 노마드'의 삶이 코로나 이후에는 사람들의 삶 속에 쉽게 다가올 수 있다. 재택근무가 활성화되는 코로나 이후의 현장의 상황을 여행으로 적용하면 '한 달 살기' 등 원하는 지역에서 단순 여행이 아닌 현지를 경험하며 내가 원하는 지역이서 '살아보는' 여행이 많아질 수 있다. 여행이 현지의 삶을 경험하는 여행으로 변화할 것이라는 분석도 상당히 설득력이 생긴다.

결국 우리 앞으로 다가온 미래의 여행은 4차 산업혁명에서 주역이 되는 디지털 기술이 삶에 밀접하게 다가오는 원격 기술과 5G 인프라를 통한 디지털 삶이 우리에게 익숙하게 가속화되면서 균형화된 일과 삶을 추구하고 그런 생활을 살면서 여행하는 맞춤형 여행 서비스가 새로 생겨날 수 있다. 그 속에 한 달 살기도 새로운 변화를 가질 것이다.

푸꾸옥 한 달 살기

태국의 치앙마이Chiangmai와 발리의 우붓Ubud이 한 달 살기로 각광을 받고 있지만 깨끗한 공기와 재미있는 엑티비티와 아름다운 풍경, 저렴한 물가를 생각하여 베트남에서 가장 아름다운 해변을 즐길 수 있는 곳을 추천한다면 푸꾸옥Phu Quoc이다. 타이 만의 아름다운 해안선은 태국의 파타야부터 캄보디아를 거쳐 남쪽의 푸꾸옥Phu Quoc에 다다른다. 태국의 파타야 여행이 짧은 기간에 방콕에서 파타야로 이동해 휴양을 즐기는 단기여행을 하는 경우가 많았고 캄보디아는 아직 여행 문화가 더딘 발전을 하고 있다. 상대적으로 푸꾸옥Phu Quoc은 오랜 기간 한 곳에 머물며 여유를 가지고 지내는 장기 여행자가 늘고 있다. 태국의 방콕, 치앙마이나 발리의 우붓Ubud이 한 달 살기의 원조로 인기를 끌었다면 최근에는 베트남으로 확대되고 있는 중이다.

베트남도 한 달 살기를 하는 여행자가 많이 늘어나고 있다. 베트남의 소도시인 중부의 호이안Hoi An이나 남부의 나트랑Nha Trang 등에서 한 달 살기를 머무는 여행자가 많이 늘었고 점차 다른 도시로 확대되고 있다. 시대가 변하면서 짧은 시간의 많은 경험보다 한가하게 여유를 가지고 생각하는 한 달 살기의 여행방식은 많은 여행자가 경험하고 있는 새로운 여행방식이다. 하고 싶은 것을 무한정할 수 있는 장점이 한 달 살기의 최대 장점이지만 그만큼 도시가 다양한 활동이 가능해야 한다. 한 달 살기 동안 재미있게 지내려면 엑티비티와 인근의 관광지가 풍부해야 가능하다. 인근에 활동을 할 수 있는 곳이 제한된다면 점차 지루해지는 것은 어쩔 수 없는 일이다.

푸꾸옥Phu Quoc의 한 달 살기는 바쁘게 지내는 것이 아닌 여유를 가지고 지낼 수 있다는 생각은 좋지만 물가가 저렴하지 않다면 걱정이 앞선다.

푸꾸옥Phu Quoc은 규모가 큰 섬이 아니고 어디든 해안이 있으므로 한 달 살기를 하면서 다양한 해양스포츠와 아름다운 해변에서 지내기 좋다. 푸꾸옥Phu Quoc의 중심 마을인 즈엉동에서 거의 모든 레스토랑과 식당에서 음식을 먹어보며 나의 입맛에 맞는 단골이 생기고 단골 쌀국수와 아침 식사를 먹는 식당에서 짧게 이야기를 나누다가 점점 대화의 시간이 늘어났다.

푸꾸옥Phu Quoc이 지루해질 때면 가까이 있는 롱비치로 나가 탁 트인 해변에서 생각을 하고 돌아오거나 해지는 시간에 맞춰 일몰을 감상하면 근심은 사라졌다. 여유를 즐기면 즐길수록 마음은 편해지고 행복감은 늘어났다.

푸꾸옥Phu Quoc은 1년 내내 화창한 날씨를 가진 도시이다. 그래서 비가 오는 날이면 커피 한잔의 여유를 즐기는 순간이 즐겁다. 바쁘게 사는 대한민국에서는 비가 오면 신발이 젖으면서 사무실로 들어오는 순간이 짜증이 나고 바로 이어서 일을 할 수 밖에 없는 내가 싫은 순간이 많았지만 푸꾸옥Phu Quoc에서의 비는 매일같이 내려도 짧고 강하게 오기 때문에 일상생활에는 크게 지장을 주지는 않았다.

장 점

1. 풍부한 관광 인프라

푸꾸옥Phu Quoc은 곳곳에 해변이 있고 남쪽에는 아름다운 작은 섬들이 많다. 그래서 4 섬투어나 스쿠버다이빙이나 스노클링을 투어상품으로 즐길 수 있다. 바닷물 속이 훤히 들여다보이는 푸꾸옥Phu Quoc 인근에 어디서든 해안에서 볼 수 있는 풍경이다.

또한 해양스포츠만이 아닌 야시장 같은 활달한 활동이나 사원을 다녀오거나 섬의 1일 투어는 하루가 금방 가도록 만들어준다. 또한 빈펄 랜드의 사파리나 워터파크, 놀이기구도 있어서 관광 컨텐츠가 풍부하다. 또한 계속 섬을 개발하고 있어서 관광 인프라는 점점 개선될 것이다.

2. 쇼핑의 편리함

나트랑Nha Trang이나 다낭Da Nang은 인근에 롯데마트나 빈콤프라자Vincom Plaza가 있다. 한 달 살기를 하려면 필요한 물건들이 수시로 발생한다. 가장 저렴한 쇼핑을 하려면 큰 마트를 가지만 푸꾸옥 섬에는 마트가 크지 않다. 하지만 즈엉동 마을에는 K+ Mark나 작은 마트가 어디에나 있어서 필요한 물건은 쉽게 구입할 수 있다.

3. 다양한 커피

한 달 살기를 하다보면 한국 음식이나 베트남 스타일의 커피가 아닌 아메리카노를 마시고 싶을 때가 있다. 그런데 푸꾸옥Phu Quoc에는 이미 한국인들이 식당과 카페를 열고 운영을 하고 있다.

4. 다양한 한국 음식

푸꾸옥Phu Quoc에는 한국 음식을 하는 식당들이 있다. 푸꾸옥Phu Quoc에 있으면서 한식에 대한 필요성을 느끼지 못하지만 한 달을 살게 되면서 가끔은 한국 음식을 먹고 싶을 때가 있다. 그럴 때 한식당을 찾기 힘들다면 음식 때문에 고생을 할 수 있지만 푸꾸옥Phu Quoc에는 한식당과 뷔페가 있어서 한식에 대한 고민은 하지 않았다.

5. 다양한 국적의 요리와 바(Bar)

푸꾸옥Phu Quoc에는 러시아 사람들이 가장 먼저 관광을 오기 시작했다. 러시아는 베트남과 우호관계를 오랫동안 지속하고 있으므로 러시아인들은 나트랑Nha Trang과 무이네Mui Ne 뿐만 아니라 아름다운 해안으로 장기 여행을 오는 러시아 여행자가 많다.
그 이후에 유럽의 관광객들이 오기 시작하여 점차 다양한 레스토랑이 문을 열고 있다. 최근에 특히 유럽의 배낭 여행자가 늘어나면서 즈엉동 마을에는 다양한 나라의 음식들을 먹을 수 있는 장점이 생겼다.

단 점

상대적으로 저렴하지 않은 물가

푸꾸옥Phu Quoc의 물가가 저렴하다는 것은 '사실이 아니다'라는 말이 있는데 사실이다. 푸꾸옥Phu Quoc은 개발을 하고 있는 휴양지로 대부분의 이익은 관광객의 주머니에서 나온다. 그러므로 관광객을 대상으로 영업을 하는 레스토랑과 카페, 마트가 대부분이다. 그래서 다른 베트남의 도시보다 가격이 비싼 편이다.
또한 숙소도 고급 호텔이나 리조트가 많아서 숙소도 상대적으로 비싸게 느껴질 수 있다. 하지만 잘 찾으면 저렴한 숙소와 마트를 찾을 수 있다. 그것이 관광객에게 어렵기 때문에 비싸게 느껴지는 것이다. 먹거리는 야시장이나 아침 시장에서 구입하면 저렴하게 구입하여 장바구니 물가를 낮출 수 있는 방법도 있다.

Phú Quôc

푸꾸옥

푸꾸옥 IN

대한민국의 여행자는 까다롭게 여행지를 선택한다. 여행지를 선택하는 것에 있어서 여행 경비가 중요한 선택 요소로 작용하기 때문에 최근 베트남여행을 선택하는 여행자들은 더욱 늘어나고 있다. 현지물가만 저렴하다고 선택하지 않는다. 관광지와 휴양지가 적절하게 조화가 되어야 여행지로 선택되고 여행을 떠나게 된다. 관광 + 휴양 + 해양스포츠 + 야시장 + 리조트 & 호텔의 모든 것이 가능한 곳은 푸꾸옥Phu Quoc 뿐이 없다고 할 정도로 개발이 진행 중인 섬이다.

11월~다음해 3월 사이에 푸꾸옥Phu Quoc을 방문하면 다른 기간보다 날씨가 온화하고 습기가 적어서 여행을 즐기기에 좋다. 비엣젯 항공이나 이스타 항공을 타고 인천 국제공항에서 푸꾸옥 공항까지 직항으로 가는 방법도 있지만 베트남 항공을 타고 호치민Hochimin 시로 입국하여 다양한 국내 노선으로 푸꾸옥Phu Quoc까지 이동하여 호치민Hochimin과 푸꾸옥Phu Quoc을 동시에 여행하는 방법도 있다. 베트남 사람들이 많이 여행하는 방법으로 호치민Hochimin에서 버스로 이동하여 푸꾸옥Phu Quoc의 항구로 들어가는 방법도 있다.

푸꾸옥Phu Quoc은 본토인 하 티엔Ha Tien에서 45㎞ 떨어진 섬이기 때문에 비행기로만 여행할 수 있는 것이 베트남의 다른 여행지와 다른 점이다 푸꾸옥Phu Quoc에는 인천공항에서 출발하는 직항 노선이 적지만 호치민에서 출발하는 많은 국내선 항공편이 운항을 하고 있다. 반면, 하티엔까지 버스로 이동하여 푸꾸옥 섬까지 페리를 타고 이동하는 방법이 있지만 많은 단계를 거쳐야 하는 단점이 있다.

비행기

인천에서 출발해 푸꾸옥Phu Quoc까지는 약5~5시간 30분이 소요된다. 이스타항공은 19시 40분에 출발해 23시 20분에 도착한다. 비엣젯항공은 새벽 1시 45분에 출발해 새벽 5시 35분에 푸꾸옥 공항에 도착한다.

비엣젯항공은 새벽 1시 45분에 출발하므로 직장인도 퇴근하고 바로 공항으로 이동해 출발할 수 있는 일정이지만 푸꾸옥Phu Quoc에 도착하면 새벽에 도착하여 공항에는 아무도 없을 때에 도착하는 단점이 있다. 그래서 택시나 그랩Grab을 이용하거나 차량 픽업서비스를 이용할 수밖에 없다.

베트남 국적기인 베트남항공과 최근 새롭게 인기를 끌고 있는 저가 항공사로 비엣젯 항공Vietjet Air이 있다. 저가항공은 합리적인 가격을 무기로 계속 취항하는 항공사가 늘어날 것으로 보인다. 앞으로 푸꾸옥Phu Quoc을 운항하는 항공사와 항공 편수는 지속적으로 늘어날 것으로 보인다.

TIP

베트남 항공(Vietnam Airlines)

대한항공이 대한민국의 국적기라면 베트남항공은 베트남의 국적기이다. 베트남 전역의 19개 도시와 아시아, 호주, 유럽, 북미 등 19개국 46개 지역에 취항하고 있는 항공사이다. 의외로 기내식이 맛있고 좌석도 넓은 편이라서 편하다는 느낌을 받는다. 호치민을 거쳐서 1회 경유하는 항공편도 매일 운항하고 있다.

비엣젯 항공(Vietjet Air.com)

베트남의 저가항공사인 비엣젯 항공은 베트남의 경제성장과 함께 무섭게 동남아시아의 저가항공의 강자로 부상하고 있는 항공사이다. 2007년 에어아시아의 자회사로 시작해 2011년 에어아시아에서 지분을 매각하자 비엣젯(Vietjet)으로 사명을 변경하고 난 후에 베트남을 대표하는 저가항공사로 성장했다. 에어아시아와 로고와 사이트, 빨강색의 '레드'컬러를 강조하는 것도 비슷하다.

PHU QUOC

푸꾸옥 즈옹동 공항(Dương Đông Airport)

베트남 남부 끼엔장주Kiên Giang 푸꾸옥섬 즈옹동Dương Đông에 있으며 동쪽으로는 남중국해와 면하고 있다. 다른 명칭은 즈옹동 공항Dương Đông Airport이다. 남부 베트남에서 세 번째로 지어진 국제공항이다.

이용객 수용 규모는 연간 260만 명 기준으로 건설되었다. 새 공항을 통해 국내선 및 국제선 항공이 이착륙이 가능하게 되었다. 현재 정기노선은 인천에서 직항으로 이스타 항공과 비엣젯 항공이 운항하고 있으며, 베트남항공Vietnam Airlines · 비엣젯항공Vietjet Air · 제트스타퍼시픽Jetstar Pacific의 총3개사가 국내선을 호치민, 하노이, 다낭, 나트랑에서 운항하고 있다.

이전의 푸꾸옥 국제공항

대한항공이 대한민국의 국적기라면 베트남항공은 베트남의 국적기이다. 베트남 전역의 19개 도시와 아시아, 호주, 유럽, 북미 등 19개국 46개 지역에 취항하고 있는 항공사이다. 의외로 기내식이 맛있고 좌석도 넓은 편이라서 편하다는 느낌을 받는다. 호치민을 거쳐서 1회 경유하는 항공편도 매일 운항하고 있다.

버스 + 페리로 푸꾸옥 가는 방법

베트남 사람들이 많이 이용하는 방법으로 자동차로 하 티엔Ha Tien까지 이동하고 나서 페리를 타고 푸꾸옥Phu Quoc으로 이동하는데 자동차로 여행하는 것이 쉽지 않아 불편한 여행 방법으로 알려져 있다. 하지만 흥미가 있다고 이야기 한다. 푸꾸옥까지 페리로 이동하려면 라크 기아Rach Gia나 하 티엔Ha Tirn의 두 항구 중 하나를 선택해야 한다. 편도로는 150,000동 정도 한다.

호치민(사이공)의 서부 버스터미널로 이동해 라크 기아Rach Gia 또는 하티엔Ha Tien으로 가는 버스가 매일 출발하고 있다. 호치민에서 라크 기아Rach Gia까지는 자동차로 약 6시간이 소요된다.

▶출발 시간

호치민 서부터미널(395㎞ 킨 두옹 부옹Kinh Duong Vuong, 판 락P.An Lac, 빈 탄Binh Tan)

- 시간 : 6:30 / 8:30 / 9:30 / 10:30 / 11:30 / 12:30 / 13:30 / 15:30 / 17:30 / 19:30 / 21:00 21:30 / 22:00 / 23:00
- 주소 : 326 Le Hong Phong, Ward 1, 10, Ho Chi Minh City
- 전화 : 08-39-225-112 / 08-39-225-113

▶라크 기아(Rach Gia) 버스 터미널

- 시간 : 8:45/9:45/10:45/12:15/13:45/16:00/18:00/21:00/22:00/23:00/23:45
- 주소 : 206A Nguyen Binh Khiem, P Vinh Quang, Rach Gia City
- 전화 : 077-3656-656 / 02973-656-656

택시

푸꾸옥 즈옹동 공항Dương Đông Airport은 즈엉동 시내와 10~13㎞정도 떨어진 가까운 공항이다. 그래서 시내까지 이동비용이 저렴하다.
보통 150,000~250,000동까지 금액을 택시기사들은 부르고 있다. 거리는 가깝지만 택시금액이 비싸므로 바가지까지 쓴다면 정말 화가 날 수 있다. 그러므로 사전에 택시비를 준비하고 그 금액에서 흥정을 해야 한다. 또한 잔돈을 미리 준비해 택시기사에게 정확한 금액을 주는 것이 좋다. 대부분 잔돈은 돌려주지 않으려고 한다.

차량 픽업 서비스

푸꾸옥 즈옹동 공항Dương Đông Airport은 리조트와 호텔이 많아서 고급 리조트나 호텔은 대부분 차량픽업 서비스를 무료로 제공해주고 있다. 차량이 미리 와서 대기를 하고 있기 때문에 기다리지 않는 장점이 있다.
공항 픽업 서비스는 택시보다 저렴하면서 동시에 그랩Grab보다 안전하다는 장점이 있다. 늦은 밤이나 새벽에 도착하는 여행자는 피곤하여 숙소로 바로 이동하고 싶을 때에 기다리므로 쉽고 편안하게 이용이 가능하다는 장점이 있다.

TIP

푸꾸옥에서 그랩(Grab) 사용의 불편과 바가지 택시비

푸꾸옥(Phu Quoc)에서 그랩(Grab)의 사용은 불편하다. 그랩(Grab)으로 차량을 잡기가 힘든데, 그랩으로 운행하는 차량 자체가 적기 때문이다. 그래서 대부분은 택시를 탈 수 밖에 없다. 택시만 있다는 사실을 아는 택시기사들은 택시비를 높게 부르거나 숙박 위치를 모르는 방법으로 택시비가 높게 나오도록 만들고 있다. 그러므로 구글로 주소를 정확하게 확인하고 출발해야 하며 일단 출발하면 택시기사의 휴대폰 사용이 많아서 도착지점에서 그냥 지나쳐 못 찾는 경우가 많으니 휴대폰을 사용한다면 사용하지 말라고 이야기를 해야 한다.
택시 회사를 가리지 않고 바가지가 심하므로 마이린(Mailin)이나 비나선(Vinasun) 택시회사라고 긴장을 놓지 않도록 하자. 야간에는 더욱 심하기 때문에 숙소에서 제공하는 차량 픽업 서비스를 이용하는 것이 편리하고 정신 건강에 좋다.

푸꾸옥 국제공항 미리보기

푸꾸옥 공항 모습

공항은 새로 만들어져 깨끗한 편이다.

베트남 공항 입국시 주의사항

① 베트남 출입국시에는 출입국신고서 작성 없이 여권으로만 출입국심사 받으면 된다. 단 귀국하는 항공편은 반드시 발권이 되어 있어야 한다. 가끔씩 입국시 왕복하는 리턴 티켓을 보여 달라는 세관원이 있으므로 리턴 티켓을 스마트폰으로 찍어서 가지고 있는 것이 좋다.

② 최종 베트남 출국일로부터 30일 이내에 다시 방문하는 경우에는 반드시 비자를 새로 발급 받아야 한다.

③ 만 14세 미만 아동과 유아 입국 시에는 부모와 함께 동반해야 한다. 제3자와 입국하는 경우에 반드시 사전에 부모동의서를 번역과 공증 후 지참해서 입국해야 한다.

④ 엄마와 입국하는 아동은 종종 영문등본을 보여 달라는 세관원도 있으므로 지참하는 것이 좋다.

사람들을 따라가면 공항을 나오게 된다.

푸꾸옥 공항에서 택시의 선택은 중요하다.

심카드와 시내까지 가는 교통을 선택할 수 있다.

유명 호텔이나 리조트는 픽업서비스를 제공하고 있다.

푸꾸옥 가는 방법

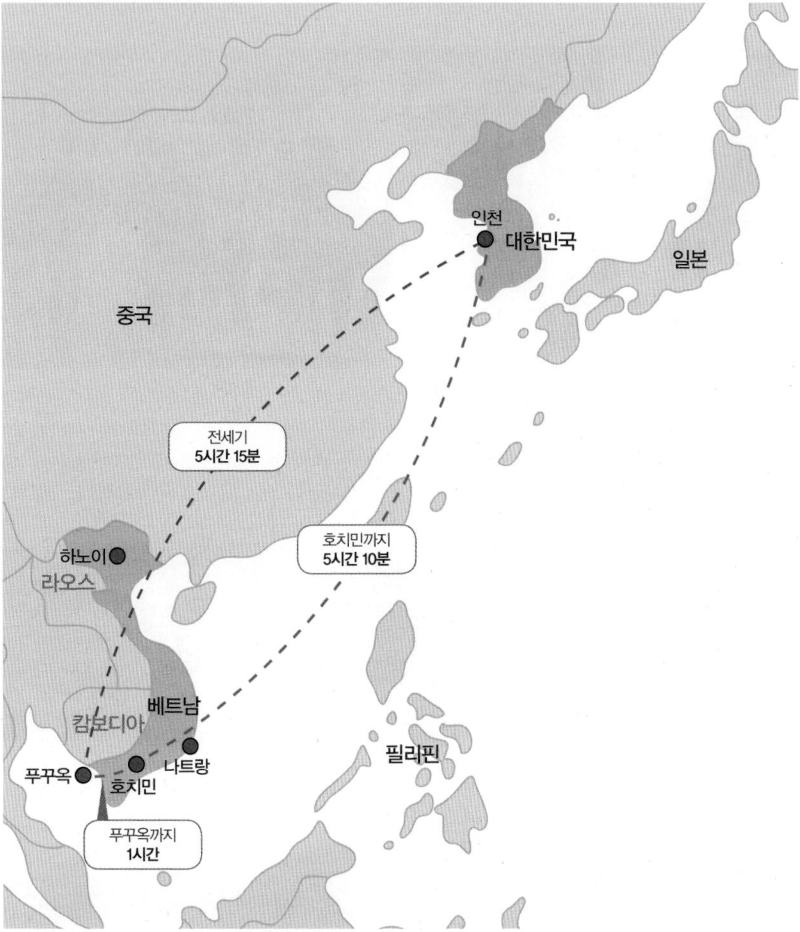

푸꾸옥 – 하티엔 크루즈 구간

하루에 총 4번의 쾌속선이 운항하며, 쾌속선은 일반석과 비즈니스 석의 2층으로 되어 있다. 좌석은 큰 차이가 없으나 보는 전망이 다르기 때문에 2층이 100,000동 더 비싸다. 탑승 시간은 날씨에 따라 변하므로 사진에 홈페이지에서 시간표를 참조하는 것이 좋다.

➡ http://superdong.com.vn/dich-vu/tuyen-phu-quoc-ha-tien-ha-tien-phu-quoc/

푸꾸옥은 어떤 섬일까?

푸꾸옥Phu Quoc은 베트남 최남단에 자리한 그림 같은 섬이다. 유네스코 생물권 보존지역인 푸꾸옥Phu Quoc은 맑고 투명한 바다와 99개의 산이 어우러진 천혜의 자연환경을 자랑한다. 푸꾸옥Phu Quoc의 깨끗한 바다는 진주를 양식하는데 최적의 조건을 갖추고 있다고 알려져 있다. 그래서 '베트남의 진주'라고도 불린다.

푸꾸옥을 나타내는 많은 수식어

1. 청정 자연을 품고 있는 베트남의 떠오르는 관광지 1순위
2. 유네스코가 지정한 세계 생물권 보존지역
3. 내셔널 지오그래픽 선정 2014 최고 겨울여행지 3위
4. 미국 허핑턴 포스트 선정 '더 유명해지기 전에 떠나야 할 여행지'
5. CNN이 선정한 세계 10대 해변 사오비치

세계적으로 이목이 집중되고 있기 때문에 푸꾸옥Phu Quoc을 찾는 관광객들의 발길이 끊이지 않고 있다. 프랑스 지배를 받을 당시의 모습을 보여주는 코코넛 수용소, 푸꾸옥의 대표적인 농작물로 유명한 후추농장, 느억맘 공장, 진꺼우 야시장처럼 푸꾸옥 만의 문화를 느껴볼 수 있는 명소들도 많다.

유럽인이 사랑한 또 하나의 휴양지 푸꾸옥Phu Quoc은 새롭게 뜨는 HOT한 여행지로 '천국 같은 섬'으로 불리며 관광객에게 새로운 베트남의 여행지로 알려지고 있다. 베트남에서 가족, 연인과 최고의 휴양을 즐기고 싶다면 푸꾸옥으로 여행을 떠나자!

푸꾸옥 지도

푸꾸옥 북부

일광욕 의자에 앉아 롱비치나 옹랑 해변의 태양을 즐기는 것도 여유롭게 푸꾸옥Phu Quoc을 여행하는 방법이다. 북적거림을 피하고 싶다면 오토바이나 렌트를 해서 북쪽으로 달려가 보자. 그림 같은 푸꾸옥 국립공원을 구경하면서 아이들과 재미있는 시간을 보낼 수 있다. 비포장도로를 따라 공원의 아름다운 경관을 구경하고, 예스러운 마을을 지나 사람의 손길이 닿지 않은 섬의 아름다운 해변으로 이동할 수 있다. 라크 벰 마을에서 여유롭게 수영을 즐기거나 껀다우의 곶을 따라 산책을 할 수 있다.

한적한 해변, 불교 사원, 전통적인 어촌이 푸꾸옥Phu Quoc 섬의 매력을 더해준다. 구시대적인 매력과 함께 한적한 해변, 그림 같은 보트 여행을 베트남의 푸꾸옥Phu Quoc 섬에서 즐길 수 있다. '진주 섬'이라는 별명을 가진 푸꾸옥Phu Quoc은 아름답게 반짝이는 바다와 야생적이면서도 자연의 매력을 한껏 품고 있는 산림으로 유명하다.

페리를 타고 푸꾸옥Phu Quoc에 도착하거나 호치민에서 즈엉동까지 비행기를 타고 도착할 수도 있다. 개발되지 않은 길 때문에 푸꾸옥Phu Quoc은 섬에서 빌릴 수 있는 오토바이나 렌트카로 여행하는 것이 가장 편리하다.

조엉동 마을

여행은 섬의 주요 도시인 즈엉 동에서 시작한다. 활기찬 즈엉동 마을은 전통적적으로 어부로 살아가는 유명한 곳으로 다양하고 신선한 해산물 시장을 구경할 수 있다. 낮에는 해변을 둘러보고, 해가 지면 북적이는 야시장을 구경하면서 하루를 마무리할 수 있다. 해지는 일몰의 풍경은 해변의 바Bar에서 음료도 즐기고 쩐꺼우 사원의 환상적인 전망도 압권이다.

푸꾸옥 남부

함 닌 인근 폭포수의 장관을 보거나 사오 비치와 켐 비치 같은 때묻지 않은 해변이 남해안을 따라 뻗어 있으며 푸르른 섬의 아름다운 황금빛 배경이 되어 주고 있다. 푸꾸옥Phu Quoc의 남쪽 끝에 위치한 안터이 항구에서는 다이빙, 스노클링, 주변 섬 등에서 호핑 투어나 스노클링, 스킨스쿠버를 즐길 수 있다. 바다로 호핑 투어를 나가면 투명한 바다 속에서 다양한 낙지와 상어 등 다양한 해양 동물도 직접 볼 수 있다.

푸꾸옥 한눈에 파악하기

서울시 정도의 크기인 푸꾸옥Phu Quoc 섬은 총 150㎞의 해안선이 둘러싸고 있다. 아직은 많은 사람들이 찾지 않는 때 묻지 않고 평온한 베트남 남부에 위치한 신비의 섬, 푸꾸옥Phu Quoc이 비상하고 있다. BBC 선정, 세계에서 가장 아름다운 해변 10위로 선정되었다고 하는 푸꾸옥Phu Quoc은 베트남의 남쪽 끼엔장Kien Giang성에 속하는 가장 큰 섬인데도 육지와의 거리감 때문에 교류가 늘어가고 있는 베트남에서도 많이 동떨어진 듯한 느낌이 든다. 최근에 신비한 신혼여행지로 각광을 받고 있다.

육지와는 배로 5~6시간이 걸리는 거리로 베트남의 대표적인 도시인 하노이와 호치민에서 매일 정기적인 항공편이 운항되고는 있지만, 예산이 적은 이들에게 비행기는 부담스럽고 배는 소요 시간이 적지 않아서 베트남 사람들도 가볍게 방문할 수 있는 여행지는 아니라고 알려져 있다. 부유한 사람들의 휴양지로 여겨지곤 했던 푸꾸옥Phu Quoc은 고급 휴양지로 개발되고 있는 섬이다.
많은 해수욕장들 중에 가장 긴 길이를 자랑하는 '롱비치Long Beach'는 영국의 국영 방송국인 〈BBC〉, 〈CNN〉에서는 선정한 세계에서 가장 아름다운 해변 10위 안에 들기도 했고, 내셔널 지오그래픽 선정 '최고의 겨울 여행지' 3위로 손꼽힐 만큼 놓쳐서는 안 될 휴양지로 성장하고 있다.
푸꾸옥Phu Quoc은 한국인에게는 아직 생소하지만 유럽인과 현지 베트남 사람들에게는 인기 많은 휴양지로 알려져 있다. 때 묻지 않은 자연과 순박한 사람들의 인심이 많은 여행자를 끌어들이고 있다. 2019년 직항이 개설되면서 푸꾸옥Phu Quoc은 주목해야 할 여행지로 떠올랐다.

푸꾸옥Phu Quoc에서 나고 자란 사람 이외의 발길이 잦지 못해 타고난 자연미를 지금까지 보존시키는 데 큰 공을 세웠다. 섬의 북쪽은 이미 유네스코 자연유산에 등록된 생물권 보호구역이며, 작은 무인도들이 많은 섬의 남쪽으로는 전 세계 다이버들이 열광할 만큼 황홀한 다이빙 지점들이 많다. 현지인에게 자연 휴양지로 통했던 곳이 서서히 해외에 알려지면서 유럽인이 사랑하는 휴양지가 되어 가고 있다.

면적은 567㎢, 길이는 62㎞에 달한다. 캄보디아 국경에서 12㎞밖에 떨어지지 않은 푸꾸옥Phu Quoc은 호치민에서 국내선으로 1시간 거리이다. 대한민국의 제주도 같은 섬이며 베트남 정부가 경제특구로 지정하면서 개발 중에 있다. 5성급 리조트와 다양한 호텔과 숙박시설이 들어섰지만 여전히 천혜의 자연환경은 그대로 살아 있다.
우리가 흔히 알고 있는 베트남 도시와는 또 다른 매력을 갖고 있다. 순박한 섬에서 즐기는 소소한 재미가 푸꾸옥Phu Quoc 섬을 즐기는 방법이다. 아직 개발 중인 푸꾸옥은 대단한 즐길 거리를 생각한다면 실망할 수도 있지만 자연과 함께 즐기는 재미는 상상이상이다.

따스한 바람이 불어오는 푸꾸옥Phu Quoc에 도착해 가장 먼저 찾아야 하는 곳은 바로 아름다운 해변이다. 원시 자연 그대로를 보존하고 있는 만큼 남쪽으로 길을 달리면 보이는 사오 해변은 푸꾸옥Phu Quoc 대표 관광지답게 아름다운 풍광을 자랑한다. 베트남말로 별을 뜻하는 사오는 별처럼 아름다운 해변이라 하여 이 같은 이름을 갖게 됐다. 1년 내내 청명한 날씨는 매력 중 하나로 연평균 기온 27도 정도인 훈훈한 날씨 덕에 겨울이면 더욱 찾기 좋은 곳이다.

나의 여행 스타일은?

나의 여행스타일은 어떠한가? 알아보는 것도 나쁘지 않다. 특히 홀로 여행하거나 친구와 연인, 가족끼리의 여행에서도 스타일이 달라서 싸우기도 한다. 여행계획을 미리 세워서 계획대로 여행을 해야 하는 사람과 무계획이 계획이라고 무작정 여행하는 경우도 있다.
무작정 여행한다면 자신의 여행일정에 맞춰 추천여행코스를 보고 따라가면서 여행하는 것도 좋은 방법이다. 계획을 세워서 여행해야 한다면 추천여행코스를 보고 자신의 여행코스를 지도에 표시해 동선을 맞춰보는 것이 좋다. 레스토랑도 시간대에 따라 할인이 되는 경우도 있어서 시간대를 적당하게 맞춰야 한다. 하지만 빠듯하게 여행계획을 세우면 틀어지는 것은 어쩔 수 없으니 미리 적당한 여행계획을 세워야 한다.

숙박

호텔, 아파트 VS 호스텔, 게스트하우스

다른 것은 다 포기해도 숙소는 편하게 나 혼자 머물러야 한다면 호텔이 가장 좋다. 하지만 여행경비가 부족하거나 다른 사람과 잘 어울린다면 호스텔이 의외로 여행의 재미를 증가시켜 줄 수도 있다.

음식

레스토랑 VS 길거리 음식

길거리 음식에 대해 심하게 불신한다면 카페나 레스토랑에 가야 할 것이다. 그렇지만 베트남은 쌀국수를 길거리에서 아침 일찍 현지인과 함께 먹는 재미가 있다.
물가가 저렴하여 어떤 음식을 사먹든지 여행경비에 문제가 발생할 경우는 없다. 관광객을 상대하는 레소토랑은 위생문제에 까다로운 것은 사실이어서 상대적으로 길거리 음식을 싫어한다면 굳이 사 먹을 필요는 없다.

스타일

휴양지 VS 도시

자신이 어떻게 생활하는 지 생각하면 나의 여행스타일은 어떨지 판단할 수 있다. 물론 여행지마다 다를 수도 있다. 푸꾸옥은 휴양지이다. 푸꾸옥을 여행하면서 아무 것도 안하고 느긋하게만 지낼 수는 없다. 푸꾸옥의 즈엉동 시내에서 약간 바쁘게 돌아다녔다면 푸꾸옥 남부나, 북부의 빈펄랜드에서 느긋하게 워터파크와 사파리를 즐길 수도 있다. 푸꾸옥은 베트남 남부의 휴양지로 베트남에서 신혼여행지로 유명한 섬이다. 패키지여행으로 다녀온 푸꾸옥 여행자도 자유여행을 느낄 수 있으므로 앞으로 여행자에게 더욱 인기를 끌 것이다.

경비

짠돌이 VS 쓰고봄

여행경비를 사전에 준비해서 적당히 써야 하는데 너무 짠돌이 여행을 하면 남는 게 없고 너무 펑펑 쓰면 돌아가서 여행경비를 채워야 하는 것이 힘들다. 짠돌이 여행유형은 유적지를 보지 않는 경우가 많지만 푸꾸옥은 관광지의 입장료가 비싸지 않으니 무작정 들어가지 않는 행동은 삼가는 것이 좋을 것이다.

여행 코스

관광 VS 쇼핑

여행코스는 여행지와 여행기간마다 다르다. 푸꾸옥은 여행코스에 적당하게 쇼핑도 할 수 있고 여행도 할 수 있으며 맛집 탐방도 가능할 정도로 관광지가 멀지 않아서 고민할 필요가 없다.

교통 수단

택시 VS 도보

여행지, 여행기간마다 다르고 자신이 처한 환경에 따라 다르지만 푸꾸옥은 어디를 가든 택시나 그랩 차량공유서비스로 쉽게 가고 싶은 장소를 갈 수 있다.

푸꾸옥은 대중교통이 잘 되어 있지 않으므로 버스를 탈 경우는 많지 않다. 푸꾸옥의 즈엉동 시내는 크지 않으므로 걸어서 대부분의 시내를 둘러볼 수 있다.

푸꾸옥 여행을 계획하는

7가지 핵심 포인트

푸꾸옥Phu Quoc 여행은 의외로 여행을 계획하기가 쉽지 않다. 쯔엉동 시내는 둘러봐도 고층 빌딩은 하나 없고 많은 사람들은 왔다 갔다 하지만 어디를 가야할지는 모르겠다. 숙소에 물어보니 관광지는 시내에서 떨어져 있다는 답변에 "그럼 어디를 가야하냐"는 물음에는 투어를 소개하는 팜플렛을 내민다. "어떤 것이 좋아요?"는 질문에 "다 좋다"라는 답만 온다. 어떻게 푸꾸옥Phu Quoc 여행해야 하는 것일까?

푸꾸옥Phu Quoc은 숨겨진 보석, 진주 섬이라는 별칭을 가지고 이제야 떠오르는 여행지가 되고 있는 섬이다. 지금도 개발이 이루어지면서 해안가는 하루가 다르게 변하고 있다. 러시아 관광객이 가장 많지만 다양한 국적의 여행자가 여행하면서 아시아 여행자보다 유럽의 여행자가 많다. 허허벌판인 해변에 도시를 만들기 시작하면서 즈엉동 타운을 시작으로 푸꾸옥 섬은 휴양지로 개발되고 있다.

즈엉동 시내에는 휴식을 취할 수 있는 리조트와 호텔 등의 숙소가 즐비하고 쇼핑몰은 아직 없다. 점점 늘어나는 관광객으로 쇼핑타운이 만들어지려는 움직임은 있다. 투어상품은 대부분 푸꾸옥Phu Quoc 북부와 남부에 있다. 스쿠버 다이빙 같은 해양 스포츠나 크루즈 투어는 남부의 혼톰 섬으로 이동해 잔잔한 파도의 포인트에서 즐기게 된다. 이곳은 현재 섬의 북쪽에 빈펄 랜드Vinpearl Land가 들어서 있어 빈펄 랜드Vinpearl Land에서만 즐기다가 나오는 관광객도 상당히 많다.

1 시내 관광, 야시장

푸꾸옥Phu Quo 밤거리의 풍경은 즈엉동의 야시장에서 극대화된다. 밤이 되면 푸꾸옥Phu Quo의 관광객들은 즈엉동 야시장으로 집합하는 것 같다. 푸꾸옥Phu Quo의 가장 번화가는 당일 아침에 잡아온 배에서 공수한 신선한 해산물 바비큐와 정성이 느껴지는 베트남의 길거리 먹자골목의 다양한 음식들이 관광객의 후각과 미각을 자극한다.

코코넛을 이용한 아이스크림을 비롯한 디저트와 손수 만든 수공예품도 만나 볼 수 있어 활기가 가득한 푸꾸옥Phu Quo 밤 분위기를 느껴볼 수 있다.

2 해변 즐기기

세계 10대 해변의 유네스코가 보호하고 있는 느낄 수 있는 푸꾸옥Phu Quoc의 진주 빛 바다는 압권이다. 특히 베트남어로 "별"이라는 뜻의 사오 비치는 푸꾸옥Phu Quoc에서 가장 아름다운 비치로 알려져 있다. 거닐어봐야 새하얀 모래사장과 투명한 바다에서 볼 수 있는 때 묻지 않은 바다 환경을 간직한 푸꾸옥Phu Quoc의 비치는 푸꾸옥Phu Quoc 해변만의 특별한 아름다움을 느껴볼 수 있다.

3 1일 투어

베트남의 아름다운 섬, 푸꾸옥에서 9시부터 오후 16시 30분까지 다녀오는 1일 투어는 푸꾸옥Phu Quoc의 대표적인 관광지로 진주, 후추, 와인숍, 꿀벌까지 주로 농장을 방문한다. 폭포, 사원 등 다양한 관광지를 방문 하고 해변에서 수영하는 시간까지 주어진다.

1일 투어 일정

09:00	숙소 픽업
9시 30분~12시	진주농장, 후추농장, 와인숍, 꿀벌농장, 트란폭포
12~13시	점심(구운 새우, 야채 볶음면, 오징어 죽)
13시	함닌 어촌마을, 푸꾸옥 사원, 바이사오비치(수영)
14시 30분	코코넛 수용소, 피쉬 소스 공장
16시 30분	종료

4 해양 체험

푸꾸옥Phu Quoc의 청정 바다는 해양스포츠의 천국에서 체험하는 재미가 있다. 아름다운 백사장부터 열대 정글까지 다양한 자연을 간직한 푸꾸옥Phu Quoc은 스노클링과 서핑뿐만 아니라 스쿠버다이빙, 오징어 낚시 투어, 진주 양식장까지 다양한 체험을 경험할 수 있다. 진주를 품은 섬이라고 부르는 깨끗한 바다에서 양식한 조개 속 진주를 직접 보고 쇼핑까지 할 수 있는 시간도 인기가 높다.

5 푸꾸옥의 일몰

푸꾸옥Phu Quoc을 기억하는 분위기는 역시 잊지 못하는 추억을 선사하는 푸꾸옥Phu Quoc의 밤하늘이다. 시원한 서쪽 바다가 눈앞에 펼쳐지는 풍경은 해변가에서 분위기 좋은 카페에 자리를 잡고 사랑하는 이들과 함께 이야기를 나누면서 아름답게 물들어가는 푸꾸옥Phu Quoc의 하늘을 감상하는 특별한 경험이다. 푸꾸옥Phu Quoc을 방문하는 관광객은 누구나 경험할 수 있다.

관광객뿐만 아니라 현지 푸꾸옥Phu Quoc 사람들도 일몰 시간이 되면 선셋 비치로 낭만이 가득한 풍경을 보기 위해 몰려든다. 붉게 물들면서 내려가는 해를 바라보면 내 주위에 있는 사랑하는 사람들과 잊지 못할 시간을 간직할 수 있어 감사하게 된다.

6 푸꾸옥 가족여행의 핵심, 빈펄 랜드

자녀나 부모님과 함께 가는 푸꾸옥Phu Quoc 가족여행에서 가장 선호되는 빈펄 랜드Vinpearl Land는 푸꾸옥Phu Quoc의 인상을 바꾸고 있는 곳이다. 워터파크와 놀이동산에서 하루 종일 즐기는 관광객이 대부분이기 때문에 빈펄 랜드에서만 푸꾸옥Phu Quoc 여행을 다녀오는 여행자가 있을 정도이다.

워터파크, 놀이공원, 아쿠아리움, 사파리 등 남녀노소가 좋아할 다양하고 환상적인 테마파크인 빈펄 랜드는 인어 쇼부터 기린, 얼룩말, 사자가 함께하는 사파리 투어까지 있는 것이 다른 빈펄 랜드와의 차이점이다. 아이와 함께 하는 여행이라면 푸꾸옥Phu Quoc 가족여행의 핵심 속 다이내믹한 즐거움을 경험할 수 있다.

7 휴양에 최적화된 리조트와 호텔

휴양에 최적화된 자연을 품은 다양한 가격과 시설을 가진 수준 높은 시설의 리조트와 호텔이 있다. 푸꾸옥Phu Quoc은 현대적인 시설을 바탕으로 레스토랑, 스파 등 부대시설이 최신 시설으로 휴양에 필요한 모든 것을 경험할 수 있는 장점이 있다. 아름다운 해변의 경관과 여유로운 분위기를 합리적인 가격으로 즐길 수 있어 부부와 연인, 가족 여행객들에게도 최상의 휴양지 분위기를 선사할 것이다.

푸꾸옥의

추천 여행 일정

푸꾸옥Phú Quốc은 제주도의 절반 정도 되는 작은 섬으로 캄보디아에 속한 섬이었지만 굴곡진 현대사에서 베트남으로 바뀐 섬이다. 푸꾸옥섬은 대략의 위치를 파악하고 있어야 한다.

빈펄 랜드VinPearl는 섬 북쪽에 있고, 관광지로 유명한 해변은 섬 남쪽에 위치한다. 섬의 중심에는 야시장과 경치가 좋은 해변에 호텔과 리조트들이 들어서 있다.

관광, 휴양, 해양스포츠, 야시장, 리조트 & 호텔의 모든 것이 가능한 곳은 푸꾸옥뿐이 없다고 할 정도로 개발이 진행 중인 섬이다. 더 늦기 전에 천국 같은 푸꾸옥의 자연을 만나러 떠나보자!

자유 여행자

푸꾸옥 섬은 3일 정도 여행하면 적당한 관광지이다. 푸꾸옥 섬의 중심에 있는 즈엉동 마을의 저렴한 호텔에 숙박을 하고, 현지 여행사의 1일 투어를 이용하면 된다.
다음날에는 섬 남부의 작은 안터이 군도로 가는 케이블카와 어촌 마을의 어시장 관광에 1일, 빈펄 랜드VinPearl 관광을 하고 나서 저녁에 야시장에 1일 정도의 일정으로 여행을 하므로 적어도 2일 이상의 일정이 필요하다.

3일 일정

푸꾸옥 1일 투어 → 푸꾸옥 남부(어시장, 케이블 카, 남부 섬 투어) → 푸꾸옥 북부(빈펄 랜드)

푸꾸옥 북부, 빈펄 리조트 숙박하는 여행자

푸꾸옥 빈펄 리조트는 아이들과 함께 여행하기에 좋은 곳이다. 워터파크와 빈펄 랜드, 아쿠아리움, 사파리까지 있어서 아이들이 다양한 경험을 할 수 있다. 푸꾸옥 섬 북부에 있어서 위치 상으로 좋지 않지만 일정 중, 하루는 기사를 포함한 차량 한 대를 렌트하여 남부에 있는 해상케이블카와 야시장을 한 번에 둘러보는 것이 좋다. 푸꾸옥은 도로에 차량이 많지 않아서 운전이 어렵지 않다.

3일 일정

빈펄 랜드(아쿠아리움 / 사파리 / 워터파크) → 푸꾸옥 남부 (해양투어) → 푸꾸옥 시내 투어

푸꾸옥 1일 투어(시내투어)

베트남에 아름다운 섬 푸꾸옥에서 아침부터 오후까지 꽉 찬 일정으로 다녀온다. 푸꾸옥의 대표 관광지인 농장은 진주농장, 후추농장, 와인숍, 꿀벌농장을 방문한다. 폭포와 사원 등의 관광지를 방문하고 아름다운 해변을 방문하여 수영하는 시간이 주어진다.

일정

09:00	숙소 픽업(빈펄 랜드는 픽업 비용 발생하므로 사전에 문의해야 한다)
09:30~12:00	진주농장, 후추농장, 와인숍, 꿀벌농장, 트란폭포(구운 새우, 야채 볶음면, 오징어 죽)
12:00~13:00	점심
13:00	함닌 어촌마을, 푸꾸옥 사원, 바이사오비치(수영)
14:30	코코넛 수용소, 피쉬 소스 공장
16:30	종료

4섬 호핑 투어

아름다운 푸꾸옥 섬에서 해양투어를 즐기는 액티비티이다. 최근 KBS 예능프로그램인 배틀트립에서 방영되어 관심이 많아지고 있다. CNN이 선정한 '세계 10대 해변', '유네스코가 지정한 세계 생물권 보존지역'으로 선정될 만큼 청정 섬으로 인식하고 있다. 휴양과 해양스포츠에 몰두해도 부족하지 않은 최고의 휴양지가 되어 가고 있다.

푸꾸옥 남부에는 작고 아름다운 섬들이 많아서 여러 곳의 스노클링 지점이 있다. 그 지점들 중에 가장 아름다운 3개의 섬 근처를 4번에 나눠 옮겨 다니면서 낚시와 스노클링을 하게 된다.파인애플 섬으로 이동하고 나서 낚시를 한다. 투어 회사마다 낚시지점이 있어서 물고기가 잘 잡히는 지는 선장의 능력이다.

2번째로 몽타이 섬과 감기 섬으로 이동하고 나서 스노클링을 한다. 3번째로 다시 몽타이 섬으로 이동한 후에 점심식사를 하는 데 대부분 해양에서 이루어지는 스포츠이기 때문에 체력의 소모가 심하여 점심식사를 주지만 부족한 경우가 있으니 따로 초코바나 간단한 영양식을 준비하는 것이 좋다.

일정

09:00	숙소 픽업
09:30	선착장이동
10:00~11:00	파인애플 섬 이동 후 낚시체험
11:00~12:00	몽타이 섬 이동 후 스노클링
12:00~13:00	감기 섬 이동 후 스노클링
13:00~14:00	몽타이 섬 이동 후 점심식사
15:00~16:00	투어종료 / 숙소 이동

주의사항

스노쿨링 장비나 낚시장비는 모두 제공이 되는데, 구명 조끼를 잘 확인하고 착용해야 한다. 간혹 불편하고 괜찮다며 소홀히 다루는데 바다에서 이루어지는 해양 스포츠는 항상 조심해야 사고가 발생하지 않는다는 사실을 인지해야 한다. 또한 현지에서 하는 투어에는 여행자 보험이 가입되어 있지 않으므로 개인적으로 한국에서 미리 여행자보험에 가입하고 투어에 참여하는 것이 만약의 사고에 대비하는 것이다.

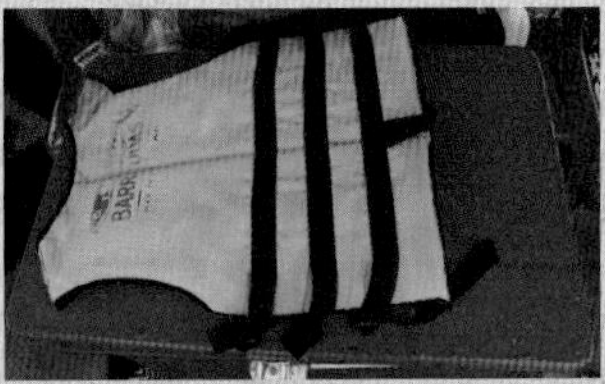

방수팩

생수

개인 준비물

햇볕에 노출이 되므로 선크림과 수건을 따로 준비하는 것이 좋다. 또한 바닷물 때문에 옷이 젖을 수도 있으니 방수팩에 따로 여분의 옷이 있으면 편리하다. 바다에서 오랜 시간 물놀이를 하기 때문에 맞는 옷차림과 준비물이 필요하다. 배 멀미를 하는 관광객은 미리 멀미약도 준비하는 것이 배에서 하루 종일 힘들어하지 않는다.

▶개인 타올, 수영복이나 래쉬가드, 썬 크림, 모자, 선글라스 등

방수팩 사용법

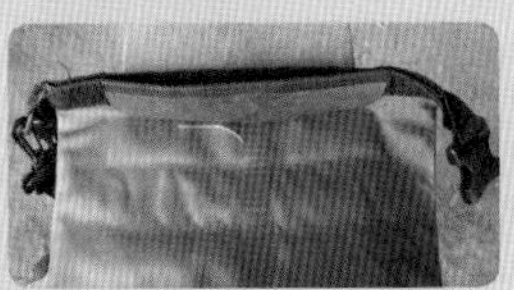

1. 딱딱한 플라스틱 부분을 앞으로 놓는다.

2. 공기가 들어간 상태에서 딱딱한 플라스틱 부분을 3회정도 접어 공기가 빵빵하게 들어가도록 한다.

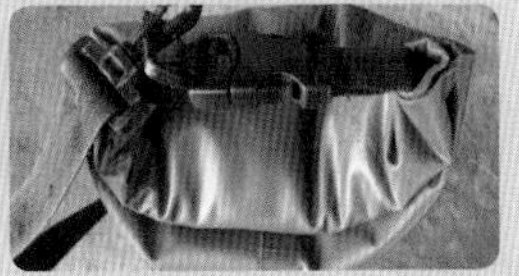

3. 양 옆의 접합부분을 접는다.

Truong East Town

즈엉 동 타운

푸꾸옥 서부 해안의 주요 어촌 항구인 즈엉 동은 섬의 중심 마을로
수많은 즐길 거리를 경험해 볼 수 있다.
하지만 다채로운 거리와 북적이는 항구, 멋진 시장을 둘러보며
마을 자체를 알아가는 것도 좋다.

푸꾸옥Phu Quoc 섬에서 가장 유명한 마을인 즈엉Trúòng동에 가면 아름다운 해안의 활기 넘치는 시장을 비롯해 다양한 바와 레스토랑 등이 있다.

즈엉 동은 걸어서 둘러볼 수 있는 작은 마을로 대부분의 관광지는 반나절이면 구경할 수 있다. 도심에 있는 낡은 다리에서 해지는 최고의 경치를 감상할 수 있다. 다리 중간쯤 서서 강가에 정박한 어선들이 빚어내는 다채로운 광경도 사진에 담을 수 있다.

푸꾸옥 진꺼우 야시장
Phu Quoc Dinh Cau Night Marketr

푸꾸옥Phu Quoc 여행에서 저녁에 즐기는 즐거움이다. 현지 음식을 좋아한다면 아침시장에서 동쪽으로 걸어가면 보이는 활기 넘치는 진꺼우 야시장Dinh Cau Night Market에 도착한다. 진꺼우 야시장은 섬의 주요 도시인 즈엉 동 서쪽에 있으며, 100m만 더 걸어가면 진꺼우 사원Dinh Cau Temple이 나온다.

다양한 해산물

깔끔하게 배치된 100여 곳의 가판대에서 늦은 오후부터 자정까지 다양한 해산물과 생선요리를 판매하고 있다. 활기 넘치는 시장은 해산물 굽는 냄새와 현지 주민들의 왁자지껄한 대화 소리로 가득하다.

매력이 넘치는 야시장에 들러 현지에서 갓 잡은 대하를 비롯해 삶은 오징어와 크랩 차우더 같은 맛있는 음식을 맛볼 수 있다. 푸꾸옥의 바다에서 매일 새벽마다 잡아오는 해산물은 푸꾸옥에서 해산물 요리를 즐길 수 있는 곳 중 가장 인상적인 장소이지만 음식 값은 거의 흥정되지 않는다.

다채로운 풍경

맛있는 국수와 구운 생선을 맛보고 손수 만든 장신구나 조각상 같은 기념품 가격도 흥정할 수 있다. 수제 장신구와 기념품 매장을 둘러보며 가격을 흥정하거나 바에 앉아 눈앞에 펼쳐지는 다채로운 풍경을 구경할 수 있다.

액젓 / 달팽이 요리

색다른 맛을 원한다면 향이 강한 액젓이나 삶은 달팽이 요리에 도전해 보자. 원하는 음식을 고른 뒤에 길가에 놓인 긴 테이블에 앉아 시장의 활기찬 풍경을 볼 수 있다. 직접 요리할 재료를 구입하려면 갓 잡은 생선과 이국적인 과일, 야채를 판매하는 상점에서 구입하면 된다. 신선한 현지 허브와 향신료를 구입해 베트남 요리나 관광객 자국의 요리를 직접 만들어 먹는 장기 여행자도 많다.

기념품 가판대

진주와 화려한 조개껍질을 엮어 만든 아름다운 팔찌와 목걸이뿐만 아니라, 아름다운 목각상과 다양하고 화려한 옷도 구입할 수 있다. 대부분의 물건 값을 꼭 흥정해 구입해야 한다. 대부분의 관광객이 가격을 흥정할 것을 알기 때문에 가격을 비싸게 부르는 것이 일반적이다.

푸꾸옥 진꺼우 야시장
Phu Quoc Dinh Cau Night Marketr
껌 땀
Com Tam
꼬마 박 파꽁
Coma Bac Pabong
낌 딴 팟
Kim Thành Phát
낌 방
Kim Vang
포 사이공
Pho Saigon
닥 산 반 케오 푸꾸옥
Dac San Banh Kheo Phu Quoc
약국
훈 크
Huynh Ky
비엣 트래블
Viet Travel
스테이크 박스
Steak Box
레인보우 다이버스
Rainbow Divers
뜨 히엔
Thu Hien
타이 히엔 호텔
Tayet Hien Hotel
아이 러브 푸꾸옥
I love Phu Quoc
피자 택시
Pizza Taxi
미니 마트
Mini Mart
포 보
Pho Tho
홀리데이 호텔
Holiday Hotel
로빈슨 펄
Robinson Pearl
(노점상) 분 남
Bun Nam
(노점상) 분 켄
Bun Ken
초등학교
Trường Tiểu học Dương Đông 1
플리퍼 다이빙 클럽
Flipper Diving Club
로이 커피
Roy Coffee
푸꾸옥 딜리버리
Phu Quoc Delivery
신짜오 카페 & 레스토랑
Xin Chào Cafe & Restaurant
뜨랑 안 리조트
Trang An Resort
후띠엔 묵
Hutien Muc
꾸온 꾸온 비스트로 & 스카이 바
Chuồn Chuồn Bistro & Sky Bar
렌켕 레스토랑
Lengkeng Restaurant
사이공 푸꾸옥 리조트
Saigon Phu Quoc Resort
한 남 레스토랑
Hai Nam Restaurant
라 달랏

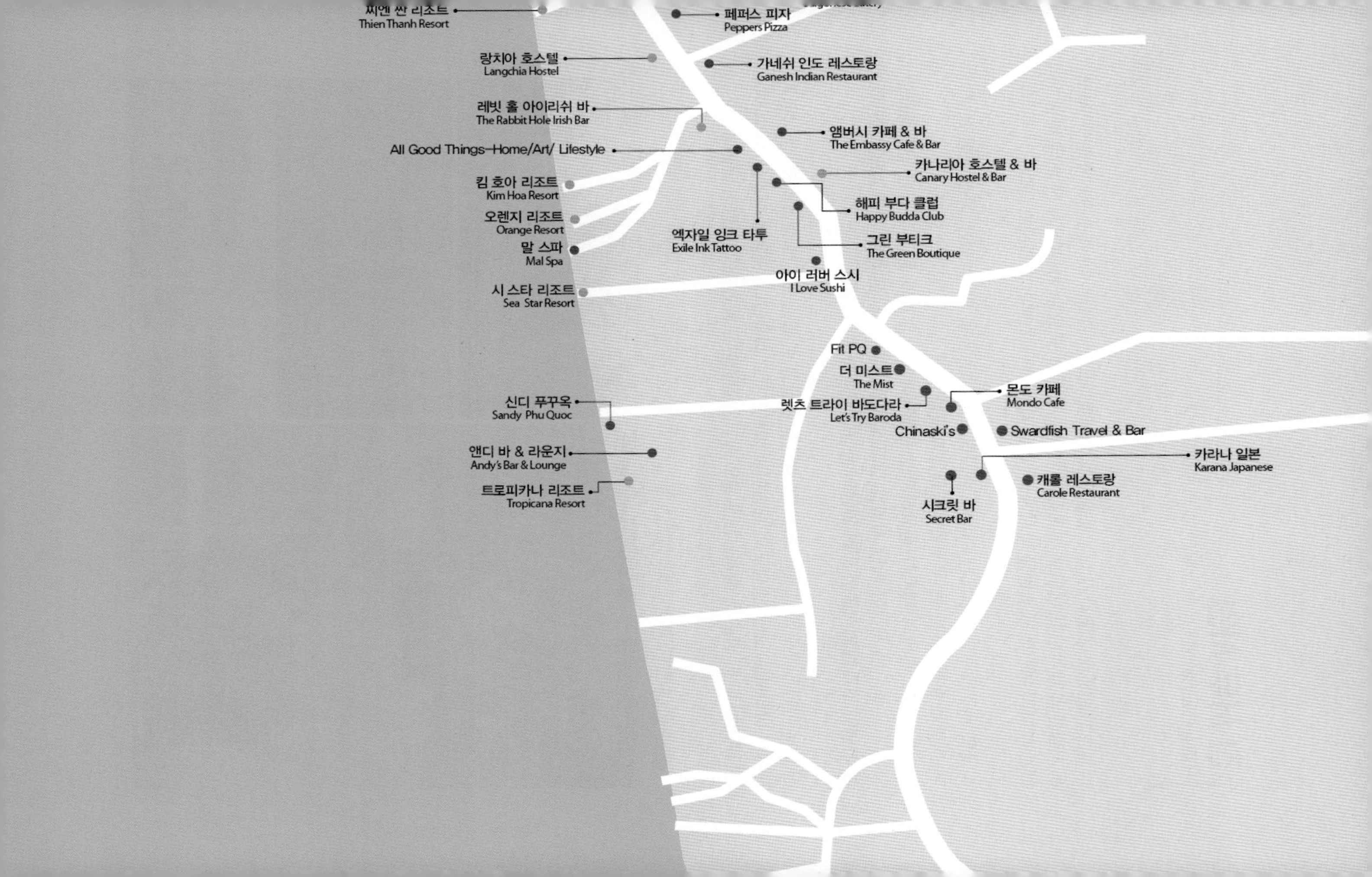
찌엔 싼 리조트
Thien Thanh Resort
페퍼스 피자
Peppers Pizza
랑치아 호스텔
Langchia Hostel
가네쉬 인도 레스토랑
Ganesh Indian Restaurant
레빗 홀 아이리쉬 바
The Rabbit Hole Irish Bar
앰버시 카페 & 바
The Embassy Cafe & Bar
All Good Things-Home/Art/ Lifestyle
카나리아 호스텔 & 바
Canary Hostel & Bar
킴 호아 리조트
Kim Hoa Resort
해피 부다 클럽
Happy Budda Club
오렌지 리조트
Orange Resort
엑자일 잉크 타투
Exile Ink Tattoo
그린 부티크
The Green Boutique
말 스파
Mal Spa
아이 러버 스시
I Love Sushi
시 스타 리조트
Sea Star Resort
Fit PQ
더 미스트
The Mist
몬도 카페
Mondo Cafe
신디 푸꾸옥
Sandy Phu Quoc
렛츠 트라이 바도다라
Let's Try Baroda
Chinaski's
Swardfish Travel & Bar
앤디 바 & 라운지
Andy's Bar & Lounge
카라나 일본
Karana Japanese
캐롤 레스토랑
Carole Restaurant
트로피카나 리조트
Tropicana Resort
시크릿 바
Secret Bar

진 꺼우 사원
Dinh Câu Shrine

매월 1, 15일에 바다를 나간 어부들을 위해 제사를 지내는 곳으로 야시장 근처에 있다. 푸꾸옥 사람들의 대부분이 어부로 살아갔던 섬이기 때문에 중요한 사원이다. 진 꺼우 바위 위에는 바다의 여신에게 제물을 바치던 진 꺼우 사원Dinh Câu Shrine이 자리하고 있다.

지금도 푸꾸옥 주민의 70%가 어업에 종사하고 있다는 것을 알 수 있는 장소 중에 하나이다. 어부로 삶을 살아가는 푸꾸옥 사람들은 이곳을 찾아 소망을 빌기도 한다.
현지인에게는 사원의 제사가 중요하지만 관광객에게는 일몰의 풍경이 아름다워 중요한 사원이다. 해지는 시간이 되면 자리를 잡고 일몰을 기다린다. 진 꺼우 사원 앞으로 아름답게 자연이 조각한 암석들이 있어 일몰의 풍경이 아름다운 것이다.

진 꺼우 사원은 푸꾸옥 섬에서 아름다운 석양을 감상할 수 있는 포인트 중 하나로 진 꺼우 사원에서 바라보는 노을 진 항구의 모습이 소박하면서도 아름답다. 일몰의 풍경은 어디나 아름답지만 시간이 멈춘 듯 빠져드는 일몰의 풍경은 강렬한 구름과 해와 바람이 만들어낸다.

후추농장
Pepper Farm

푸꾸옥Phu Quoc 섬은 베트남 최대의 후추 생산지다. 덩굴로 덮인 후추나무는 이색적인 풍경을 제공할 뿐만 아니라 베트남 최고 품질의 후추를 직접 맛볼 수 있는 색다른 경험도 제공한다.

느억맘 공장
Nuoc Mam

베트남 일상에서 빠질 수 없는 소스를 하나 골라보라고 한다면 느억맘 소스라고 할 수 있다. 생선을 발효시킨 소스로 베트남 음식과 가장 잘 어울린다.
푸꾸옥Phu Quoc 섬의 신선한 생선으로 만든 느억맘 소스는 베트남 전 지역에서 가장 유명하다. 또 수많은 여행객들이 느억맘의 명성을 알고자 자주 찾는 명소이기도 하다.

즈엉동 시장
Duong Dong Market

야시장에서 나와 다리를 건너면 나오는 시장으로 신선하고 맛있는 해산물과 푸꾸옥Phu Quoc 현지인들이 이용하는 시장이다. 아침에 조금 일찍 일어나서 즈엉Trúòng동 북동쪽에 있는 시장에 들러 보자.

오전 내내 레스토랑 주인을 상대로 생선 값을 흥정하는 어부들의 모습을 볼 수 있다. 여기서는 베트남 요리에 자주 사용되는 액젓은 물론, 신선한 과일과 야채도 구입할 수 있다. 관광객을 대상으로 하는 시장이 아닌 만큼 보이는 위생 상태는 좋지 않지만 야채와 해산물이 다양한 레스토랑과 식당으로 판매가 된다. 그러므로 모든 채소나 과일, 물품의 가격은 야시장보다 저렴하다.

롱비치 / 바이 즈엉
Long Beach / Bãi Trúòng

푸꾸옥Phu Quoc에서 가장 긴 해변인 바이 즈엉Bãi Trúòng의 영어 이름은 롱비치Long Beach이다. 딘 카우Dinh Cau 케이프에서 타우 루 꾸Tau Ru Cuu까지 이어지는 최대 20㎞에 이어지는 해변이지만 현재 딘 카우Dinh Cau에서 남쪽으로 약 5㎞를 따라 이어진 도로인 딴 흥 다오Tran Hung Dao 도로를 따라 위치한 많은 숙소와 레스토랑들이 비치를 채우고 있다.

즈엉동 남쪽 끝에 있는 아름다운 롱비치에서 여유롭게 휴식을 취하고 따뜻한 바다에서 수영을 즐길 수 있다. 모래사장을 따라 음료와 간식거리를 판매하는 가판대에는 다양한 음식들이 있다.

호텔, 리조트 등 고급 숙소들이 들어서 있지만 지금도 많은 호텔과 리조트가 건설되고 있는 중이다. 즈엉Truong 해변은 푸꾸옥 사람들이 더 자랑스럽게 생각하는 아름다운 해변이 고급 리조트들로 채워질 것같다.

Saigon Hub
사이공 허브

식사와 음료를 간단하게 먹는 레스토랑이다. 직원들이 친절하고 일몰 때 보는 아름다운 풍경이 저녁식사와 함께 분위기 좋은 식사를 할 수 있는 곳이다. 칠리소스와 볶음밥 등을 많이 주문한다.

Bach Dang đ 70,000동~ +84-947-694-869

🏠 73 Tran Hung Dao Duong Dong ⏲ 8~22시 📞 +84-947-694-869

Ssigonese Eatery

사이공이즈 이터리

야시장에서 가까운 레스토랑으로 가격이 저렴하고 찾아가기 쉬워서 인기가 높다. 신선한 재료로 햄버거부터 스테이크까지 맛있는 음식을 유럽의 여행자들이 좋아한다.
야시장에서 조금 떨어져 있어서, 투어를 끝내거나, 야시장을 보거나 산책을 하다가 해 질 무렵에 방문 코스를 추천한다.

한인 식당

푸꾸옥에는 한인 식당이 많지 않아서 한국 음식을 먹는 것이 쉽지 않다. 하지만 그중에서 인기가 많은 식당들을 소개한다.

김씨 해산물(Kim's Seafood)

해산물로 유명한 한인 식당이다. 한국 스타일로 만든 해산물 요리가 주 메뉴이다. 게다가 다양한 반찬들과 음식이 있어서 가족여행객들이 많이 찾는다. 게다가 비싸지 않은 음식 가격과 양이 푸짐하고 맛까지 유명하다. 볶음밥, 새우구이, 오징어 요리를 대부분 주문한다. 또한 김밥이나 닭볶음탕 등의 한식 메뉴도 있다.

주소_ 114 Tran Hung Dao **시간_** 11~23시
요금_ 90,000동~ **전화_** +84-888-440-004

식객(Le Seoul by Sikgak)

푸꾸옥에서 유명한 한식당으로 노보텔 리조트 근처에 위치해 있다. 고급 한식을 맛볼 수 있어 푸꾸옥에서 증가하고 있는 관광객만큼 유명세를 떨치고 있다. 깨끗한 내부 인테리어와 단체석으로 가족여행객들이 많이 찾는다. 쭈꾸미볶음, 잡채, 김치찌개 등의 다양한 한식이 인기가 높다.

주소_ Duong Bao Hamlet, Duong
(Sonasea Villas and Resort)
시간_ 11~22시
전화_ +84-986-396-911

즈엉동 해산물 맛집

활기 넘치는 즈엉동 거리Trần Phú Boulvard는 하얀 모래사장을 따라 코코야자 나무의 그늘 아래로 뻗은 푸꾸옥Phu Quoc의 중심가이다. 많은 레스토랑과 바, 호텔이 들어선 이 거리에는 밤까지 많은 사람들로 붐빈다.

나항 송 비엔(Nha Hang Song Vien)

활기 넘치는 즈엉동 거리Trần Phú Boulvard는 하얀 모래사장을 따라 코코야자 나무의 그늘 아래로 뻗은 푸꾸옥Phu Quoc의 중심가이다. 많은 레스토랑과 바, 호텔이 들어선 이 거리에는 밤까지 많은 사람들로 붐빈다.

161 Duong 30/4, KP 1, TT Duong Dong đ 100,000~300,000동 16~22시 2297-2235-666

신 짜오 시푸드 레스토랑(Xin Chao Seafood Restaurant)

다양한 베트남 음식과 바로 예쁜 앞 바다에서 잡은 싱싱한 해산물 요리를 맛볼 수 있는 곳이다.
큰 새우구이와 함께 밥을 먹을 수 있고 조리과정과 재료가 한눈에 보이기 때문에 음식을 기다리며 보는 재미도 있는 곳이다. 새우, 크랩, 오징어 튀김과 스프링롤 튀김 등을 많이 주문한다.

- 66 Tran Hung Dao
- 100,000~200,000동
- 10~22시
- +84-297-3999-919

꽌 캣 비엔(Quan Cat Bien)

야시장으로 내려가다 보면 큰 도로에 있는 해산물 레스토랑이다. 해산물 요리 맛이 가장 좋다고 알려져 있는 레스토랑이다. 조용히 가족이나 일행이 식사를 할 수 있는데, 내부의 테이블도 많아 찾는 고객이 많아도 내부는 조용하지만 외부 테이블은 차량의 소음 등이 있어 조용하지는 않다. 어느 메뉴를 주문해도 기본적인 맛을 보장해주는 레스토랑이다.

Duong 30/4, TT Duong Dong 16~22시 22973-992-339

푸꾸옥의

아침을 연다!

푸꾸옥[Phu Quoc]은 호이안[Hoi An]이나 다낭에 비해 아침에 쌀국수나 반미를 파는 가게들이 적다. 관광객용 레스토랑이 아닌 푸꾸옥[Phu Quoc] 현지인들이 먹는 쌀국수를 찾는 여행자라면 골목길의 허름한 가게도 아닌 작은 의자에서 먹는 쌀국수 한 그릇 만큼 정이 담긴 쌀국수도 없을 것이다. 푸꾸옥[Phu Quoc] 시민들을 단골손님으로 거느린 허름한 가게에서 파는 반미나 쌀국수 한 그릇은 푸짐한 양에 맛까지 푸짐하다.

현지인이 인정한 분켄(Bun Ken) 반미

야시장에서 오른쪽으로 걸어가면 관광객보다 현지인들이 아침을 먹고 커피를 마시는 바 무오이 짱 뜨[Ba Muòi Thang Tù]거리의 가게이다. 가게이름은 유리 위에 적혀 있다. 분켄[Bun Ken]은 아침 8시 이전에 반미가 남아 있을 때까지만 팔고 골목길에 청소를 하고 노점을 놓아둔다. 20,000동의 가격에 다양하게 치킨, 돼지고기, 소고기 등의 고기와 다양한 야채가 섞여 소스에 맛있는 반미가 탄생하게 된다.

DC SO 47, 310 KP 1, Dương Đông, 찐 짠 즈엉(Đình Thần Dương Đông) 건너편

찐 짠 즈엉(Đình Thần Dương Đông)

찐 짠 즈엉Đình Thần Dương Đông의 문 옆으로 이름조차 불분명한 쌀국수집이지만 국수 맛을 알게 된 관광객이 서서히 찾고 있다. "찐Đình"이라는 베트남어의 뜻은 대한민국의 마을회관과 같이 사람들이 모여 이야기를 나누는 곳을 의미한다. 다행히 맛을 찾아 나선 많은 여행자가 알려 주면서 인기를 끌고 있다.

얇은 면발 때문에 자칫 밋밋할 수 있는 쌀국수의 국물이 살려주어 맛이 업그레이드가 되었다. 또한 외국인이 오면 미리 고수를 빼놓아 관광객을 배려하고 있다. 짜지 않고 구수한 국물에 고기를 올리고 파를 송송송 썰어 넣어서 다른 채소가 없는 데도 땀이 나게 되는 개운한 맛이 된다.

DC SO 47, 310 KP 1, Dương Đông đ 쌀국수(3종) 30,000~40,000동 7~15시

하이 7(HI 7)

27 Trân Hoang Dao đ 40,000~80,000동

아침 일찍 일어나 관광을 준비하는 중국인 관광객이 깨끗하고 깔끔한 분위기의 레스토랑을 원하는 데 맞는 레스토랑이다. 가격도 저렴하고 다양한 아침 메뉴가 있어 관광객이 주로 찾는다. 대부분의 관광객은 중국인과 인근의 호텔에 있는 관광객이 대부분이다. 가장 인기가 높은 메뉴는 반 꾸온Banh Cuòn과 롤을 같이 먹을 수 있는 모닝 세트이다.

푸드 트럭 반미 람브로(Lambro 550)

가네쉬Ganesh 인도 음식점 위로 길을 따라 걸어가면 푸드 트럭으로 아침마다 반미를 팔고 있는 조그만 자동차를 보게 된다. 반미를 고급화해 팔고 있는 푸드 트럭은 현지인보다 관광객을 상대하고 아침에만 장사를 하기 때문에 늦게 일어나는 관광객에게 많이 알려지지 않았다. 그렇지만 아침에 일찍부터 일을 시작하는 푸꾸옥Phu Quoc 시민에게 맛있는 반미를 제공해 주기도 한다.

7~9시 đ 4반미 30,000~40,000동

분짜 하노이(Bún Chà Hanoi)

다양한 야채에 시큼한 육수에 살짝 담구어 먹는 분짜 맛집으로 베트남의 다른 도시에서도 볼 수 있다. 현지인들이 많이 찾는 음식점으로 주문 즉시 오픈된 주방에서 요리를 한다. 국물에서 발효국수로 식초향이 나지만 돼지고기가 바삭한 넴과 함께 먹으면 좋다.
하노이 북부의 쌀국수로 얇은 국수가 국물에 담궈 쉽게 풀려 먹을 수 있는데 조금 시간을 두어 국수에 맛이 벤 상태에서 먹는 것을 추천한다.

121 Trãn Húng Dao 6~21시 +84-96-2123-679

푸꾸옥의

대표 빵집 Best 3

아로이 카페(Aroi Cafe)

베트남에 몇 개의 지점을 가지고 있는 아로이 카페는 귀여운 곰 캐릭터로 유명하다. 하지만 아직 많은 지점을 가지지는 못했다. 안으로 들어서면 다양한 빵이 내뿜는 냄새가 구수하다. 베트남 반미도 있지만 나트랑 시민들에게 사랑받는 것은 곰돌이 케이크이다.
다양한 조각케이크와 머핀뿐만 아니라 생일 케이크도 판매하고 있다. 현지 브랜드이지만 유럽 관광객도 많이 찾는 브랜드로 바뀌고 있다.

24 Trãn Húng Dao, Dúong Dông 7~23시 096-6962-190

란 베이커리(Lan Bakery)

러시아 관광객에게 오랫동안 사랑받아온 베이커리 가게이다. 깨끗하고 깔끔한 내부 인테리어는 유럽과 러시아 장기여행자가 매일 찾는 빵집이다. 특히 각종 빵과 케이크, 크루아상은 유럽 관광객을 위해 만들어져 있다. 그래서 맛은 고급스럽게 느껴지고 한쪽에는 직접 로스팅한 커피원두를 판매하고 있다. 현지인보다는 관광객에게 초점을 맞추어 운영하고 있다.

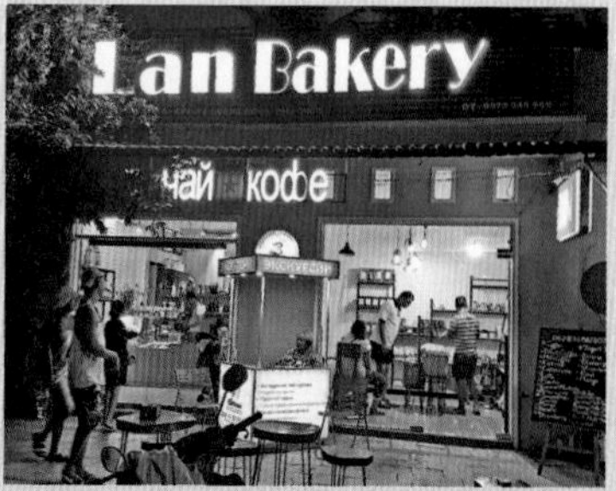

🏠 106 Trần Húng Dao, Dúong Dông
🕒 8~23시
📞 0973-545-968

뚜 히엔(Thu Hiên)

베트남 사람들이 빵을 많이 먹지는 않지만 최근에 케이크를 중심으로 판매가 늘어나고 있다. 그래서 어디를 가나 현지인들이 즐겨 찾는 케이크와 빵을 파는 상점들이 많다. 내부는 작지만 깨끗하고 깔끔하다. 다양한 케이크들은 크기가 크고 양을 많이 만들어 파는 편이다. 맛을 보면 한국인의 입맛에는 다를 수 있지만 푸꾸옥Phu Quoc에서는 상당히 유명한 곳이다. 현지인에 초점을 맞추어 운영하고 있다.

🏠 DC SO 47, 304 KP 1, Dúong Dông 🕒 8~20시 📞 0949-779-171

푸꾸옥의

외국 관광객이 찾는 맛집

러시아 관광객이 많이 찾는 맛집

베트남과 러시아는 오래 전부터 우방국이어서 러시아에 베트남의 나트랑Nha Trang과 무이네Mui Ne가 휴양지로 알려져 있지만 최근에는 푸꾸옥Phu Quoc 섬까지 휴양지로 인기를 끌고 있다. 베트남에서 2~3주 동안 휴가를 즐기고 있다. 그래서 푸꾸옥에는 러시아 관광객이 찾는 레스토랑과 카페가 많다.

러시아인들을 대상으로 하는 레스토랑은 주로 해산물 요리와 볶음밥, 쌀국수가 러시아인들의 입맛에 맞게 바뀌어 있는 것이 특징이고 메뉴가 서양요리부터 베트남요리까지 다양해 주문하기가 힘들다는 단점이 있다.

피자 택시(Pizza Taxi)

39 Tran Hung Dao
đ 100,000~200,000동
11~23시
+84 297 3998 777

푸꾸옥Phu Quoc에서 가장 유명한 피자집으로 다낭에는 피자 '4 피프'가 있다면 푸꾸옥에는 '피자 택시'가 대표적이라고 말한다.

짜지 않고 느끼하지도 않고 주문하면 빨리 나오는 피자로 빨리 먹고 나가는 관광객이 많다. 카르보나라와 페페로니 피자를 가장 많이 주문한다. 빅 사이즈가 180,000동이라 저렴한 편이다.

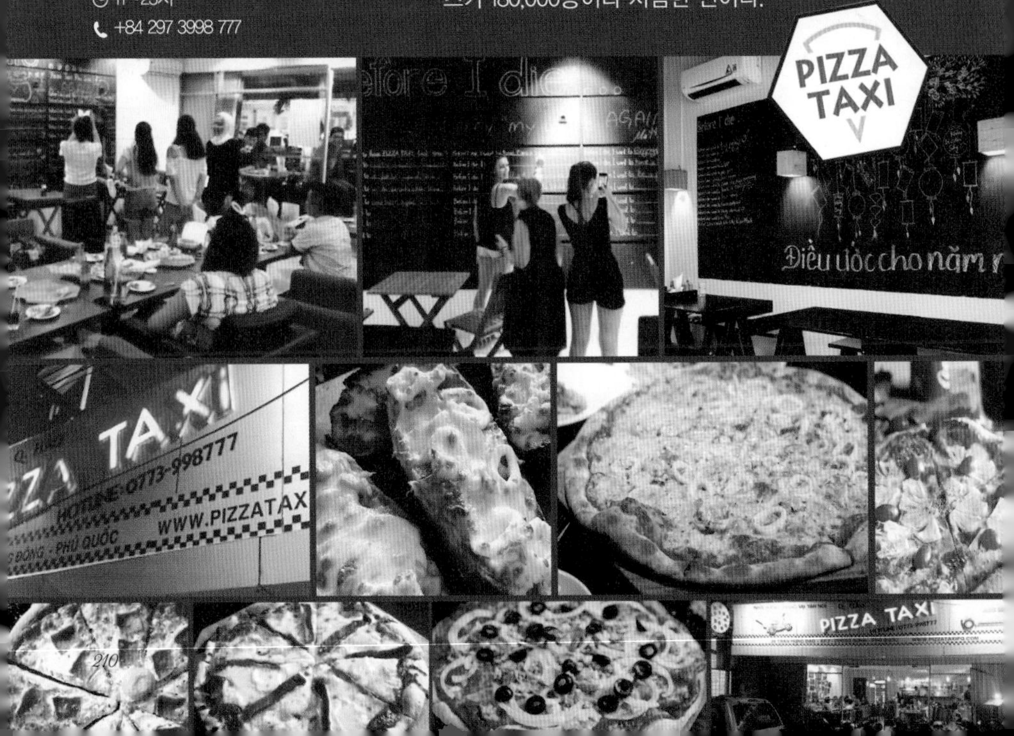

쭈언쭈언 비스트로 & 스카이 바
Chuõn Chuõn Bistro & Sky Bar

아름다운 푸꾸옥[Phu Quoc] 시내를 감상하면서 식사를 즐길 수 있는 분위기 좋은 카페이자 스카이라운지로 연인이나 부부에게 추천한다. 칵테일과 나시고랭, 햄버거 세트를 많이 주문한다. 주변에 공사를 하고 있어서 소음이 있지만 일몰 후에는 분위기 좋은 스카이라운지가 된다. 다만 일몰 후에는 사람들이 몰려들어서 주문이 늦어질 수 있으니 일몰 전에 가서 자리를 잡고 여유롭게 식사를 하고 나서 노을을 보는 것이 좋다.

Khu 1, Tran Hung Dao đ 나시고랭 99,000동 / 버거 150,000동 / 맥주 35,000동
7시 30분~22시30분 +84-98-805-7915

선셋 비치 바 & 레스토랑
Sunset Beach Bar & Restaurant

도로에 있지 않고 바닷가를 볼 수 있는 안쪽에 있어서 찾기는 힘들지만 푸꾸옥[Phu Quoc]의 해변 노을을 바라보며 분위기 있게 식사를 할 수 있는 곳이다. 바다 소리와 은은한 조명 아래에서 여유를 즐길 수 있다. 로컬 음식점보다 가격대가 높은 편이지만 그만한 가치와 서비스가 된다. 여행 중 고급스럽고 세련된 식사를 원한다면 추천한다.

100 C/2 Tran Hung Dao đ 50,000~250,000동 9시~24시 +84-97-728-7777

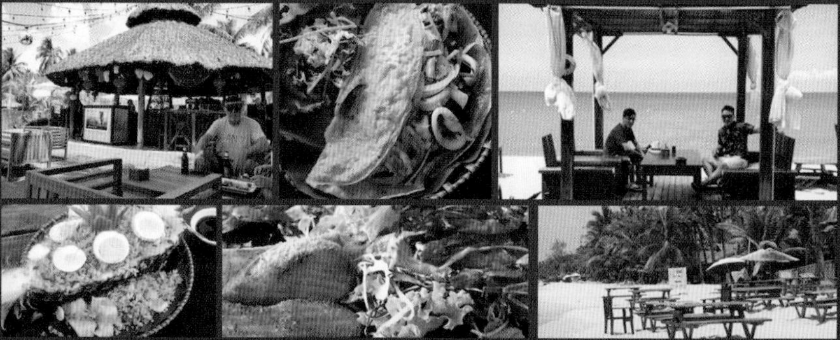

미국 관광객이 많이 찾는 맛집

윈스턴 버거
Winston's Burgur

푸꾸옥에서 먹는 버거 중에 가장 맛좋다고 소문이 나있다. 미국의 정통 버거 맛을 느껴보고 싶다면 추천하는 맛 집이다. 두꺼운 패티를 야채와 함께 만들어 주는 버거는 정말 두껍다. 채식주의자를 위한 메뉴도 따로 있고 아침부터 즐길 수 있으니 해변에 가기 전에 테이크 아웃으로 직접 사서 바다를 보면서 먹는 햄버거의 맛도 일품이다. 해변과 가깝기 때문에 찾는 데 시간이 걸릴 수 있다.

39 Tran Hung Dao đ 100,000~200,000동 11~23시 +84-297-3998-777

스테이크 박스
Steak Box

미국인 관광객이 스테이크를 먹기 위해 자주 찾는 곳이다. 작지만 멋지고 맛있는 식사가 나오는 곳으로 한번 빠지면 자주 찾게 된다. 탁 트인 전망을 보며 식사를 할 수 있다. 스테이크 외에 다른 베트남 쌀국수와 넴 등의 음식의 맛은 상대적으로 떨어지지만 미국인들의 입맛에는 맞는 지 맛있게 먹는 모습을 볼 수 있어 혼동되기도 한다.

11 Tran Hung Dao
đ 50,000~250,000동
11시~22시
+84-126-3330-109

홀리데이 센스
Holiday Sense

즈엉동에 만들어진 카페와 레스토랑이 모여 있는 몰Mall이다. 최근에 문을 열어서 깨끗하고 깔끔하게 레스토랑과 카페들이 모여 있어 최근에 관광객이 많이 찾고 있다. 더운 푸꾸옥 날씨에 쾌적하게 식사를 할 수 있는 곳이다.

1층에는 베스틴 커피Bestin Coffee가 입구에 있으며 건너편에는 수모SUMO 스시 전문점이 있고 그 뒤에 껌 가Com Ga라는 베트남 음식점, 이 있다. 2층으로 올라가면 위너 펍Winner Pub, 퀸즈 바Queens Bar 등의 맥주 전문점이 있다.

■ 수모(SUMO)

일본관광객이 푸꾸옥에 별로 없는데 스시 전문점이 생겨 의아했지만 미국 관광객이 스시전문점의 주고객이었다.
푸꾸옥에는 스시를 파는 전문점이 없는데 신선한 해산물이 많아서 많은 관광객이 찾고 있다. 관광객을 상대로 영업을 하고 있으므로 가격은 저렴하지 않다. 깨끗하고 깔끔하게 음식을 먹고 싶다면 추천한다.

■ 껌 가(Com Ga)

베트남 전통음식을 파는 껌 가는 가격이 비싸지 않은 편이다. 점심이나 저녁 식사를 하러 온 관광객이 많아서 식사시간에는 붐비는 편이다. 식사로 적당한 가격과 깨끗한 분위기가 장점이다.

■ 쫑우엔(Ngon)

2층에 베트남 음식과 열대과일 음료수를 팔고 있는 곳으로 1층보다 오픈된 분위기가 탁 트인 느낌을 받게 한다. 다양한 음식을 주문할 수 있어서 깨끗한 분위기에서 베트남 음식을 즐기고 싶은 관광객이 자주 찾는다.

■ 베스틴 커피(Bestin Coffee)

즈엉동에 최근에 음식점이 몰Mall 형태가 들어서기 시작했다. 1층에 들어선 베스틴 커피는 어디에서나 볼 수 있는 전형적인 카페여서 깨끗하고 정돈된 프랜차이즈 커피 전문점이지만 우리가 마시는 커피와 다르게 맛이 진하기 때문에 특색이 있다.
주로 오후에 관광객이 시원한 에어컨이 있는 곳에서 쉬고 싶은 마음에 찾는다. 관광객이 주 고객이므로 라떼, 아메리카노 등 달달한 커피 음료를 주문한다. 커피 이외에 다양한 차 메뉴도 있다.
이외에 키즈 카페인 키즈 시티와 선물가게가 있다.

더 벤치 이터리 & 바

즈엉동에 만들어진 카페와 레스토랑이 모여 있는 몰Mall이 최근에 생겨나고 있다. 깨끗하고 깔끔하게 레스토랑과 카페들이 모여 있어 최근에 관광객이 많이 찾고 있다. 더 벤치 이터리 & 바는 케밥Kebab부터 인도음식, 차 전문점, 한국 치킨인 비비큐치킨bbq Chicken 등의 레스토랑이 있다.

비비큐 치킨(bbq Chicken)

베트남에는 양념 치킨이나 후라이드 치킨 같은 치킨을 먹을 장소가 많지 않다. 푸꾸옥에서는 더욱 먹기가 힘들지만, 최근에 문을 연 한국식의 후라이드 치킨을 맛볼 수 있는 곳이 생겼다. 양념과 바비큐 치킨까지 다양한 종류의 치킨을 맛볼 수 있다. 다만 가격이 저렴하지 않은 것이 단점이지만 야식을 먹고 싶다면 추천한다.

스파이스 인디아(Spice India)

정통 인도음식을 매콤하게 먹을 수 있는 레스토랑이다. 유럽여행자들이 찾아오더니 싱가포르 여행자들도 찾기 시작했다. 가네쉬 인도 레스토랑은 맵지 않아 여행자들이 좋아하는 것에 비해 조금 더 매콤해 대중적이지는 않다.

난엔케밥(Nan N Kebab)

푸꾸옥에서 케밥을 요리하는 곳이 거의 없어서 관심을 받은 레스토랑이다.
간단하게 먹을 수 있는 터키식의 케밥보다는 파키스탄식의 요리로 먹을 수 있는 곳이다.

꼬트차(Cotcha)

덥고 습한 푸꾸옥에서 힘들게 여행을 하고 난 후 달달한 밀크티를 마실 수 있는 곳이 많지 않아 반갑다. 다양한 국적의 사람들이 흐뭇하게 마시고 나올 수 있어서 좋다. 다양한 차 리스트를 보유하고 있으며, 외국 여행자들에게 특히 인기가 많은 곳이다. 저녁이 되면 선선한 바람을 맞으면서 야외에서 마실 수 있다.

GALAXY HOTEL
CAFE
BIDV
BIDV
MỪNG XUÂN DI LẶC KỶ HỢI 2
NICE LIFE HOTEL
51F 574.19
CTY TNHH GIANG VŨ

즈엉동 타운
시내 풍경

Hu Tieu
후띠우

즈엉동 야시장 근처에 있는 현지인들도 줄 서서 먹는, 현지인들의 아침식사로 찾는 쌀국수로 유명한 곳이다. 베트남 남부에 위치한 푸꾸옥의 독특한 오징어 쌀국수를 맛볼 수 있다. 고기가 들어가지 않고 오징어와 해산물이 들어가 있어 깔끔한 국물이 아침식사로 술 먹은 다음날 해장으로도 제격이다. 레몬을 짜서 넣어 먹으면 얼큰하고 깔끔한 맛을 낼 수 있다. 화창하지만 더운 점심시간에 찾아가면 흐르는 땀에 쌀국수을 먹고 나오면 이열치열의 의미를 알 수 있을 것이다. 되도록 이른 아침이나 저녁에 방문하는 것이 좋다.

🏠 42, 30/4St. 🕒 6~22시 ₫ 50,000동~ 📞 +84-899-518-369

Ra Khoi
라 코이

현지인들이 즐겨 찾는 해산물 레스토랑으로 즈엉동 야시장과 가깝다. 즈엉동 야시장보다 가격이 저렴하고 직원들도 친절하여 편안한 분위기를 느끼게 해준다.

20년이 넘게 영업을 지속해온 식당답게 현지인뿐만 아니라 푸꾸옥 관광객들에게도 인기가 올라가고 있다. 전통 가제요리, 칠리 새우, 갯 가제볶음밥 등의 음식도 맛있고, 가격도 저렴하다. 다만 영어로 소통이 힘들기 때문에 사진이나 번역기 등으로 의사소통을 하는 것이 좋다.

131 Bis, St.30/4 11~22시
đ 60,000동~ +84-186-546-7707

Crab House
크랩 하우스

푸꾸옥의 즈엉동 타운에서 대표적인 해산물 레스토랑이다. 즈엉동 타운에서 가까워 찾아가기도 쉽다. 오픈하자마자 현지인뿐만 아니라 외국인 관광객으로 넘쳐나고 있다.
싱싱한 해산물을 맛있게 즐길 수 있지만 가격대가 높은 것이 단점이다. 그래서 단품이나 콤보메뉴로 관광객이 주문을 한다. 이 외에도 싱싱한 생선구이, 새우구이 등 많은 해산물 요리가 준비되어 있다, 저녁 시간에는 조리시간이 많이 걸리니 조금 일찍 방문해서 여유롭게 먹는 것이 좋다.

26 Nguyen Trai 11~22시 đ 100,000동~ +84-297-3945-067

Heaven Restaurant
헤븐 레스토랑

푸꾸옥 공항에서 가까운 로리스 비치에 있는 해산물 레스토랑이다. 유럽여행자들이 비치에서 즐기고 힘들 때 와서, 충전을 하고 갈 만큼 음식으로 유명하다.

해변에 있어서 찾기도 쉽고, 먹고 나와서 오토바이를 타고 푸꾸옥 여행을 할 수 있도록 대여도 하고 있다. 장기 여행자들은 후식으로 싱싱하고 저렴한 과일을 구입해 숙소로 돌아가는 경우도 많다. 아이들과 같이 먹을 수 있는 요리도 많이 있어서, 가족 여행객들도 많이 방문하는 곳이다.

주소_ No. 141 Tran Hung Dao Str Ward 7
시간_ 10~22시 30분
요금_ 40,000동~
전화_ +84-975-542-769

Sunset Sanato Beach Club

선셋 사나토 비치 클럽

해안을 따라 레스토랑들이 늘어서 있지만 설치 미술과 고급스러운 테이블이 인상적인 곳이다. 아름다운 일몰을 볼 수 있어 유명한 푸꾸옥의 선셋 명소로 입장료도 받고 있다.

외국 여행자들에게 특히 인기가 많다. 저녁이 되면 선선한 바람을 맞으면서 야외에서 식사를 할 수 있다. 해산물 요리와 볶음밥이 유명하다. 내부도 나무로 인테리어 되어 있고, 벽면에는 다양한 소품으로 분위기를 아늑하게 해준다. 일몰부터 저녁까지 한가하게 레스토랑에서 고즈넉하게 식사를 할 수 있다.

주소_ North Bai Truong, Group 3,
Duong Bao Hamlet, Duong To

시간_ 9~21시 **요금_** 60,000동~

전화_ +84-297-6266-662

스쿠버다이빙
Scuba Diving

스쿠버 다이빙Scuba diving은 물속에서도 숨을 쉴 수 있게 해주는 장비를 착용하고 수중 다이빙underwater diving을 하는 것이다. 1년 내내 따뜻한 기온을 가지고 잔잔한 파도를 가진 섬 근처에서 스쿠버 다이빙을 즐기게 된다. 영어의 'SCUBA'는 원래 잠수 장비를 가리키는 명사였지만 기구를 사용하는 잠수 활동 자체를 스쿠버로 일컫고 있다. 일반인들이 스킨스쿠버를 즐기는 경우, 잠수가 가능한 깊이는 최대 40m정도이고 잠수를 하는 최대 시간은 3시간 30분 정도이다. 단, 잠수를 깊게 할수록 잠수 시간은 짧아지게 된다.

일반적인 인식과는 달리 사고율이 높지 않고, 여행에 대한 관심이 늘어남에 따라 즐기는 인구가 늘어나는 추세이다. 하지만 물속에서 이루어지는 스포츠이기 때문에 위험 요소를 가지게 되는 것은 당연한 것이다.

물속 압력의 변화에 따른 변화가 감압 병, 공기색전증을 일으키기도 하고 체온이 저하되거나 피부 외상이 일어날 수 있으므로 안전에 주의해 즐겨야 한다.

최대 허용 수심이 40m인 이유

물속에서는 수심 10m마다 1atm씩 더 가중된다. 40m에서는 5atm의 압력이다. 압력의 영향으로 신체 내 질소 용해량이 올라가게 되며, 갑작스럽게 압력이 낮아질 경우 용해되어 있던 질소가 거품이 되어 혈관과 신경 등을 막아버리는 잠수병에 걸리게 된다. 혈액 속 산소 분압이 1.6을 넘어서는 경우 산소중독에 의한 의식불명 상태를 야기한다.

스쿠버다이빙 투어

1. 7~8시에 숙소로 픽업을 하고 나서 선착장에 모든 투어 참가자가 모이면 배를 타고 푸꾸옥 남부로 이동한다.
2. 푸꾸옥 섬의 북부나 남부의 스쿠버다이빙 포인트까지 이동하는 배에서 스쿠버 장비의 사용법을 알려주는 데 이때 잘 듣고 이해가 안 가는 부분이 있다면 물어보고 알고 있어야 한다.
3. 강사 1명당 2~3명으로 강사가 책임질 수 있는 인원이 그룹으로 나뉘게 된다.
4. 스쿠버다이빙 포인트에 도착하면 초보자를 위해 2~3m 깊이의 바다에서 전문 강사가 장비 사용법이나 스쿠버 다이빙에 대한 설명을 하고 실습을 하게 된다.
5. 실습을 통해 물속으로 들어갈 수 있다고 판단을 하면 조금 더 깊은 바다로 이동하여 본격적인 스쿠버 다이빙을 하게 된다.
6. 1번의 스쿠버 다이빙을 하고 점심식사를 한다. 한번 물속에서 스쿠버 다이빙을 하면 수영을 하지 못해도 다이빙 장비가 물속에서 돌아다닐 수 있도록 추진력을 만들어 주기 때문에 물속에서 돌아다니는 재미를 알게 된다.
7. 추가적으로 스쿠버 다이빙을 하고 나머지 시간에는 스노클링을 하면 1일 스쿠버다이빙 투어는 마치게 된다.

보트다이빙(북부의 혼몽따이 섬, 혼도이모이 섬과 남부의 안터이 군도)

보트를 타고 원하는 다이빙 포인트로 이동해서 입수하는 것을 말한다. 바로 깊은 수심으로 떨어질 수 있어 비치다이빙에 비해 체력소모가 적다. 보트를 이용하므로 비치다이빙에 비해 투어 비용이 높을 수 밖에 없다. 보트에는 직원가 남아서 대기하다가 다이버가 SMB를 띄우면 그것을 육안확인하고 해당 위치로 이동하여 다이버들이 물밖으로 나올 수 있도록 돕는다.
조류 등으로 다이버들이 멀리 이동해버리면 보트에서 SMB를 보지 못하는 경우가 있으므로 다이버용 호루라기를 이용하여 청각신호를 보내거나, 반사경을 갖고 있다면 본인들이 타고 온 보트를 향해 햇빛을 반사시켜 보트를 호출한다.

준비물

수건과 선크림 수영복을 입고 가야 한다. 수트를 벗게 되면 따로 옷을 갈아입기는 쉽지 않다. 또한 방수 가방에 자신의 귀중품은 따로 넣어두고 핸드폰에 물이 들어가지 않도록 조심해야 한다.

주의사항

물속으로 들어갈 때 강사는 깊이를 체크하면서 들어가지만 물속으로 깊이 들어갈수록 귀가 아프거나 눈이 아플 수가 있다. 이때 손으로 이상신호를 보내면 약간 위로 올라갔다가 다시 내려가야 압력이 조절이 된다. 무턱대고 아래로만 내려가는 일이 없도록 조심해야 한다.

장비 확인

수트	몸에 맞는지, 내가 들어가려는 다이빙 사이트의 수온과 맞는 두께인지, 찢어진 데는 없는지, 후드/장갑/부츠가 필요에 따라 있는지 확인한다.
웨이트	웨이트 버클이 제대로 되어 있고 허리에 맞는지, 필요 시 쉽게 풀어버릴 수 있는지 확인한다. 정신없이 챙기다보면 웨이트를 뒤집어 끼우는 경우도 있으니 주의한다.
핀	짝이 맞는지, 풀 풋 핀이라면 신고 / 스트랩 핀이면 스트랩 차고 편안한지 확인한다.
물안경/스노쿨	물안경의 경우 얼굴에 잘 밀착이 되는지, 스커트 쪽에 문제는 없는지, 신제품이라면 김서림 방지가 제대로 되었는지 확인한다. 스노클은 물고 숨을 쉴 때 문제가 없는지 확인한다. 이후 BC에 공기탱크와 호흡기 결합하고 확인한다.
BC	가장 중요한 확인사항으로 몸에 맞는지, 스트랩을 죄었을 때 빈 틈이 생기지 않는지, 인플레이터를 연결하고 주입버튼 눌렀을 때 문제없이 빵빵해지고 비상 디플레이터에서 방구 뿡뿡 소리가 나면서 여분의 공기가 배출되는지, 배출버튼 눌렀을 때 공기가 제대로 나오는지, 혹시 BC 안에 지난 번 잠수 때 들어간 물이 남아있는지를 확인한다.
호흡기	가장 중요한 체크사항이다. 제공되는 공기탱크와 정상적으로 결합되는지, 잔압계에 표시되는 압력이 정상적인지, 새는 부분은 없는지, 2단계로 옥토퍼스 물고 정상적으로 공기가 빨리는지, 배출 버튼을 눌렀을 때 공기가 제대로 빠지는지 확인한다. 공기 호흡기(breathing apparatus)는 스쿠버 장비로 수중 호흡기(Rebreather), 송기식 잠수, SCBA(Self-contained breathing apparatus), 우주복, 잠수용 호흡기(Underwater breathing apparatus)이다.  
공기탱크	남아 있는 압력이 제대로 200bar 또는 3000psi인지, 입으로 빨아 마신 공기에서 이상한 맛이나 냄새가 안 나는지 확인한다.

투어회사

플리퍼 다이빙 클럽

- **주소** | 60 Trãn Hùng Dao, Dúong (GPS 10. 212499, 103.959144)
- **시간** | 6시 30분~21시
- **요금** | 스노클링 35$, 초보다이빙 65$, 스쿠버 다이빙(2회), 스노클링(2), 점심식사, 물, 장비 일체
- **전화번호** | 077-3994-924
- **홈페이지** | www.flipperdiving.com

존스 투어

- **주소** | 143 Trãn Hùng Dao, Dúong Tó, Phu Quoc (GPS 10. 194344, 103.967487)
- **요금** | 스노클링 30$, 초보다이빙 75$, 스쿠버 다이빙(2회), 스노클링(2), 점심식사, 물, 장비 일체
- **전화번호** | 0297 -3997-799
- **홈페이지** | www.phuquocsky.com

Phù Quốc North

푸꾸옥 북부

건저우 곶

Müi Gành Dãu

북부의 자이 해변을 지나면 나오는 건저우 곶이 있다. 작은 어촌 마을이었던 건저우Gành Dâu는 빈펄 리조트가 들어서면서 급성장하는 장소이다. 아직도 작은 마을에는 생선과 작은 물건들을 상점에서 팔고 있다.

최근 여행사들이 이 곳 앞바다에서 투어를 진행하는 현지 여행사들이 늘어나고 있다. 앞에는 산호초 섬이 있고 파도가 잔잔하여 스노클링과 스쿠버 다이빙도 늘어나고 있는 추세이다.

자이 해변
Bãi Dài

빈펄 리조트가 들어서 있는 앞 바다에 있는 바다가 자이 해변이다. 북부의 해변은 사람들이 찾지 않는 해변이었지만 최근에 빈펄 리조트가 들어서면서 고급 휴양지로 탈바꿈하고 있는 추세이다. 특히 자연 그대로의 보존이 잘 된 해변에서 일몰 풍경을 즐긴다면 추억에 남을 수 있을 정도로 아름답다.

푸꾸옥 국립공원

Phu Quoc National Park

섬을 관통하는 메인 도로는 푸꾸옥의 자연을 가르는 기준점이 된다. 도로의 북동쪽 방면은 유네스코에서 생물보호구로 지정한 푸꾸옥 국립공원Vườn Quốc Gia Phú Quốc으로, 산봉우리와 열대우림을 포함하고 있다.

90%가 숲으로 뒤덮여 있는 푸꾸옥 국립공원은 나무들과 해양 생태계가 공식적으로 보호받고 있다. 남쪽에 있는 마지막 숲의 일부로 2010년 유네스코 세계문화유산 '생물권 보존지역'으로 지정된 곳이기도 하다. 울퉁불퉁한 비포장도로에는 별도의 등산로가 있어 산악 오토바이나 자전거를 타고 갈 수 있다.

수오이 다 반(Suoi Da Ban)

화강암 사이를 뚫고 나오는 하얀 물살이 매
계곡이다. 5~9월 사이에 계곡에 있는 물은 천
영장의 역할을 한다. 그 외에는 물이 거의 말
보기가 힘들다.

옹랑 해변
Ông Lang Beach

옹랑 비치Ông Lang Beach는 푸꾸옥의 시내라고 할 수 있는 즈엉동 마을Dúong Dòng Town에서 북쪽으로 약 20분 정도 거리에 있다. 즈엉동 마을을 기준으로 북쪽은 옹랑 비치Ông Lang Beach가 있고 남쪽은 롱 비치Long Beach가 있다. 빈펄 랜드로 가는 길목에 있어서 쉽게 갈 수 있는 비치이다.

옹랑 비치에도 사원이 있어서 어부들이 고기잡이를 안전하게 다녀올 수 있도록 기원한다. 사원은 작지 않지만 볼 것은 없다. 옹랑 비치는 고운 모래가 펼쳐진 곳도 있지만 바위나 돌들이 있는 해변도 있다.

FOOD

Lina Restaurant
리나 레스토랑

옹랑 해변에 있는 리나 레스토랑은 옹랑 해변에서 즐기다가 쉽게 방문할 수 있는 곳이다. 해지는 일몰 풍경을 보면서 커피와 신선한 열대과일 주스를 마시는 관광객이 대부분이기 때문에 음식 주문은 많지 않지만 서양요리는 주문할 만하다.
베트남 요리는 맛이 떨어지므로 다른 레스토랑에서 주문하는 것이 좋다.

Cua Duong Ong Lang
8~22시
090-421-1277

The TreeHouse Resort & Restobar
더 트리 하우스 리조트 & 레스토바

옹랑 해변Ong Lang의 신선한 해산물을 먹고 싶다면 추천한다. 관광객이 방문하는 곳인데도 가격이 저렴하고 BBQ로 요리된 조개와 오징어를 주로 주문한다.
유럽여행자에게 잘 알려져 있어 리조트 내의 레스토랑이 최근에 중국인 관광객에게까지 유명해졌다.

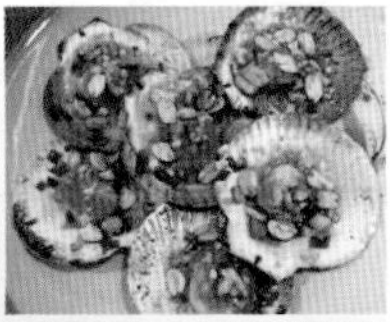

Cua Duong Ong Lang 8~22시 090-421-1277

전용해변을 가진

아름다운 리조트 & 호텔

앙카린 비치 리조트(Ancarine Beach Resort)

3성급 리조트임에도 고급스럽게 꾸며 놓아 가성비가 높은 리조트이다. 옹랑 해변Ông Lang이 바로 보이는 비치 리조트로 자연주의로 리조트를 꾸며놓았다. 친절한 직원들이 머무는 동안 휴식을 느끼고 돌아갈 수 있도록 도와준다.

바다가 깨끗하고 아름다우며 바로 앞에서 스노클링이 가능해 다른 곳을 안가고 리조트 안에만 있게 되는 단점이 있다. 선베드에 누워 바다 소리를 들을 수 있고 해지는 풍경을 보면서 와인 한잔을 즐길 수 있다.

3 Ông Lang đ 스탠다드 더블룸 50$(바다전망 65$), 디럭스 더블룸 67$(바다전망 80$) 0297-3996-684

주소_ Tõ 4 ãp Ông Lang, Cùa Dúong đ 수페리어 55$, 디럭스 61$ 📞 0297-3996-684

코코 팜 비치 리조트(Coco Palm Beach Resort & Spa)

옹랑 해변Ông Lang Beach의 작은 해변에 위치한 방갈로로 이루어진 리조트이다. 모든 객실에서 아름다운 바다를 조망할 수 있는 것이 장점이다.

작은 해변이지만 전용해변이 있고 선베드와 여유로운 분위기덕에 러시아와 유럽의 여행자들이 많이 찾는다. 주위에 레스토랑이 있어서 리조트에만 머무르게 되는 불편함도 적다. 수영장이 없다는 것이 단점이다.

카미아 리조트(Camia Resort & Spa)

아름답고 멋진 위치와 맛있는 조식뿐만 아니라 바다에서 즐기기에도 좋다. 바다가 모래해변이 아니어서 조금 위험할 수는 있지만 파도가 잔잔하고 카누로 아이들과 놀이를 즐기기에도 좋다. 해변 레스토랑과 위치, 맛은 모두 훌륭하다. 빌라형 숙소에 있는 아름다운 뷰를 느끼고 여유를 즐기는 좋은 숙소이다.

Lot 3 Ông Lang Hamlet, Cùa Dúong

đ 디럭스룸 정원전망 51$(바다전망 67$), 프리미엄 더블룸 바다전망 80$, 빌라 바다전망 92$

0297-6258-899

체즈 카롤레 비치 리조트(Chez Carole Beach Resort)

푸꾸옥의 경치 좋은 곳에 자리한 체즈 카롤레 비치 리조트Chez Carole Beach Resort는 꾸아깐 비치Cuakan BeACH를 따라 펼쳐진 전용해변과 자연 논지로 둘러싸인 호수가 근처에 있다.
파라솔과 라운지가 구비된 야외 수영장과 스파, 피트니스 센터가 있다. 전원스타일의 객실은 전용 일광욕은 물론 다양한 엑티비티를 즐길 수 있다. 카약이나 수상스포츠를 비롯해 다양한 재미를 즐길 수 있다.

Group 1 Halmet 4, Cua Can 스탠다드 더블룸 53$ 수페리어 더블룸 64$ 0297-6534-679

VinWonders

빈원더스(빈펄랜드)

베트남에 가면 워터파크의 대명사가 빈펄 랜드이다. 나트랑에서 시작된 빈펄 랜드는 현재 휴양지로 성장하는 푸꾸옥에서도 이름값을 하고 있다. 아직 대한민국의 워터파크처럼 크지는 않지만 상대적으로 이용하는 고객이 적어 쾌적하게 워터파크를 이용할 수 있는 장점이 있다.

베트남 리조트 중 가장 유명한 빈펄 리조트(Vinpearl Resort)는 2베드 룸 풀 빌라부터 4베드 룸 풀빌라까지 다양한 객실을 보유해 높은 인기를 끌고 있다. 푸꾸옥, 빈펄 리조트에서 자체적으로 운영하는 빈펄랜드가 있어 어린아이를 동반한 가족여행에 적합하다. 특히 푸꾸옥 빈펄 랜드는 사파리와 워터파크까지 갖춘 종합 테마파크로 남녀노소 누구나 즐거운 시간을 보내기에 좋다.

푸꾸옥 빈펄 랜드의 최대 장점은 워터파크 시설을 정비하고 놀이기구도 추가로 설치하였다. 아쿠아리움과 국립공원에 있는 대규모 사파리를 체험할 수 있다는 것이다. 입장객이 성수기를 제외하면 많지 않아서 원하는 놀이기구를 기다리지 않고 즐길 수 있고 사파리도 한적하게 즐길 수 있어 가족 여행객은 계속 늘어나고 있다.

빈원더스 푸꾸옥 세부지도

06 ~ 15 워터파크
16 워터파크
37 아쿠아리움
18 ~ 23 야외게임존
17 야외게임존
38 실내오락실
24 ~ 37 놀이동산
03 놀이동산
화장실
05 놀이동산
응급실

입장권

매표소, 여행사, 빈펄 랜드 홈페이지에서 구입할 수 있다. 콤포 티켓은 하루 종일 빈펄 랜드(Vinpearl Land)와 사파리를 출입할 수 있으므로 편리하여 대부분 콤보 티켓을 구입한다.

공연 시간

- 피딩 쇼(Feeding Show) | 10:00, 17:00(15분)
- 미인어 쇼(Mermaid Show) | 11:00, 15:00(10분)
- 상어 피딩 쇼(Sharks Feeding Show) | 11:15, 15:15(10분)
- 뮤지컬 분수 쇼(Musical Water Fountain Shows) | 19:00(25분)
- 졸루족 쇼(Zulu Show) | 17:00(30분)
- 사일런스 공연(Silence Performance) | 16:30(30분)

빈원더스 한눈에 파악하기

빈원더스VinWonders는 푸꾸옥 섬의 북서부에 위치해 외진 곳이라고 생각할 수 있지만 한적한 여행을 즐길 수 있다는 장점이 있다. 리조트부터 골프, 사파리, 워터파크, 놀이동산, 음악 분수 등의 모든 것을 한 곳에서 즐길 수 있다.

사파리는 약 5㎞ 떨어진 푸꾸옥 국립공원 내에 있으나 다른 놀이동산, 워터파크, 아쿠아리움 등은 한 곳에 모여 있다. 9시부터 오전에 사파리를 보고 오후에 워터파크를 즐기고 빈펄 랜드는 21시까지 즐길 수 있으므로 시원한 저녁에 즐기는 방법으로 하루에 빈펄 랜드Vinpearl Land를 모두 즐기는 방법도 있다.

리조트 입구에서 빈원더스VinWonders에 간다고 이야기를 하면 언제든지 버기카로 와서 빈펄 랜드로 데려다 준다. 입구로 들어가면 상점들이 보이고 놀이기구가 이어져 있다. 성수기나 주말이 아니면 기다리지 않고 원하는 놀이기구를 마음대로 즐길 수 있는 것이 최대 장점이다. 가끔 방문객이 적어서 놀이기구는 운행을 안 하기도 한다. 너무 더운 날에는 게임 존에 들어가 해를 피해 시간을 보내면 피로가 풀리기도 한다.

셔틀 버스(Shuttle Bus)

푸꾸옥 섬의 즈엉동 타운에 있는 노보텔과 에덴 리조트 등부터 빈펄 리조트와 사파리를 돌고 있는 무료 셔틀버스가 있다. 셔틀버스는 사파리와 빈펄 리조트의 시간에 맞춰 30~60분의 시간 간격으로 운행되고 있다.

9~21시까지 놀이기구를 탈 수 있지만 사파리는 16시까지로 가장 짧은 시간에 이용할 수 있고 워터 파크도 18시면 이용이 안 되기 때문에 사전에 이용시간을 알고 이용하는 것이 헛걸음을 하지 않는다.

빈펄 사파리(Vinpearl Safari & Conservation Park)

남극 펭귄과 아마존 악어를 보유한 거대 수족관과 매일 돌고래 쇼가 개최되는 돌핀 파크가 빈펄 사파리에서 펼쳐진다. 400여 종의 식물과 150종의 동물들이 서식하고 있으며 세계에서 2번째로 큰 규모로 아프리카를 연상케 한다. 사파리를 돌아보는 15분 이상 대기를 하는 경우가 많아서 여유를 가지고 돌아보는 것이 좋다.

뮤지컬 공연을 관람할 수 있으며 대형 수족관 시스템에서 백변종, 황색 산 거북, 도마뱀, 상어, 광선 등 희귀하고 귀중한 9,000개 이상의 물고기를 볼 수 있다. 기린과 코끼리에게 먹이주기, 동물과 교감이 가능한 다양한 프로그램이 있으므로 시간표를 미리 확인하고 둘러보는 것이 좋다.

홈페이지 : www.vinwonders.com

영업시간 및 요금

티켓종류	영업시간	신장 140cm 이상 방문객	신장 100~140cm 미만 어린이	노인 방문객(60세이상)
빈펄 사파리 푸꾸옥	9~14시	650,000VND	490,000VND	490,000VND
빈원더스 & 빈펄 사파리 푸꾸옥	9~14시	1,350,000VND	1,000,000VND	1,000,000VND
사파리 나이트	9~14시	600,000VND	450,000VND	450,000VND

구매방법

1 VinWonders.com 웹사이트 또는 VinWonders 앱 방문

2 목적지 선택: 빈원더스 푸꾸옥 또는 빈펄 사파리

3 원하는 사용일자 및 수량 선택

4 티켓 유형 선택 : 빈펄 사파리 & 빈원더스 푸꾸옥 입장권(최소 7일 전 예약 시 3% 할인)

9:30 - 15:20
SAFARI
사파리
버스 탑승장
기린 먹이 주기
체험장
작은 동물
먹이 주기 체험장
PRIMATE WORLD
ZOO
코끼리 먹이 주기
체험장
어린이 동물원
입구
FLAMINGO
RHINO
VINPEARL SAFARI
주차장
고객센터
쇼핑 거리
매표소
사물함
버스 정류장
포토 스팟
레스토랑
동물 쇼 공연장
화장실
응급실
hoạt động từ
16:00

VINPEARL SAFARI

셔틀버스 안내

	정류장	정차시간 (차후 변동가능)					
1	노보텔	8:45	9:15	9:45	10:15	12:45	13:15
2	무엉탄 호텔	8:47	9:17	9:47	10:17	12:47	13:17
3	에덴 리조트	8:00~14:30까지 매시간 정각, 15분, 30분, 45분 정차					
4	꾸옥 탕 호텔(Quoc Thang Hotel)	8:02~14:32까지 매시간 02분, 17분, 32분, 47분 정차					
5	Dao Viet Travel	8:06~14:36까지 매시간 06분, 21분, 36분, 51분 정차					
6	존트 투어	8:08~14:38까지 매시간 08분, 23분, 38분, 53분 정차					
7	하일랜드 방갈로(Highland Bungalow)	8:08~14:38까지 매시간 08분, 23분, 38분, 53분 정차					
8	밴 스파(Ven Spa)	8:10~14:40까지 매시간 10분, 25분, 40분, 55분 정차					
9	갤럭시 호텔(Galaxy Hotel)	8:12~14:42까지 매시간 12분, 27분, 42분, 57분 정차					
10	Hiep Thien Agent	8:14~14:44까지 매시간 14분, 29분, 44분, 59분 정차					
11	Tan Thien Thanh Agent	8:16~14:46까지 매시간 16분, 31분, 46분, 01분 정차					
12	Agent Vietravel / Vietravel Agent	8:18~14:48까지 매시간 18분, 33분, 48분, 03분 정차					
13	Chen Sea Resort	*미리 요청 시에만 정차					
14	Ong Lang Agent	8:18~14:48까지 매시간 18분, 33분, 48분, 03분 정차					
15	Cua Can Brige	*미리 요청 시에만 정차					
16	빈펄 랜드, 사파리(종점)	빈펄 랜드 먼저 정차 후 10분 뒤 사파리 정차					

빈펄 사파리 · 빈원더스에서 즈엉동 방향

	정류장	정차시간 (차후 변동가능)								
1	사파리	13:30		14:30		15:30		16:30		
2	빈펄 랜드	13:40	14:40	15:40	16:40	17:40	18:40	19:30	19:40	21:10
3	탑승 시 이용한 셔틀버스 정류장	*미리 요청 시에만 정차								
4	에덴 리조트(종점) *무엉탄, 노보텔 등지는 이곳에서 택시 이용	14:40	15:40	16:40	17:40	18:40	19:40	20:30	19:40	22:10

Phù Quốc East

푸꾸옥 동부

사오 비치
Sao Beach

푸꾸옥Phu Quoc 섬의 남동쪽에 위치한, 별처럼 반짝이는 해변이라는 사오비치는 베트남에서 가장 아름다운 해변으로 꼽히는 대표적인 해변이다. 사오 해변에 도착하면 잔잔한 파도가 햇빛을 머금고 관광객들을 반갑게 맞이한다. 베트남어로 '사오Sao'는 별을 의미하는 데, 이름에 '별'이 붙은 이유가 있다. 옛날에는 밤이 되면, 수천 마리의 불가사리가 파도를 타고 물가로 이동하여 붙여진 이름이다.

카약과 제트스키를 빌려 엑티비티를 즐길 수도 있고 선 베드나 해먹에 누워 가만히 휴식을 취하거나 독서를 하며 혼자만의 시간을 즐기기 좋은 해변이다.

아직 덜 알려진 만큼 사람도 많지 않아 여유롭게 휴식을 취할 수 있다. 석양으로 물든 사오 해변은 더욱 아름답게 빛난다. 붉은 태양을 삼킨 파도는 낭만을 싣고 넘실거린다.

맑은 물이 있는 하얀 모래에 평화로운 해변의 느낌, 휴식, 아름다운 코코넛 나무숲의 로맨스를 즐길 수 있을 것 같은 장소이다. 하얀 모래사장은 아이들이 뛰어놀기 좋은 청정 놀이터다. 맑고 투명한 바다는 적당히 따뜻하고, 깊숙이 들어가도 수심 1m를 넘지 않아 물놀이를 즐기기에도 그만이다. 특히 가족여행객이 물놀이를 하기에 이만한 장소를 찾기 힘들다.

Bãi Sao, An Thoi đ 선베드 대여 20,000동, 파라솔 30,000동

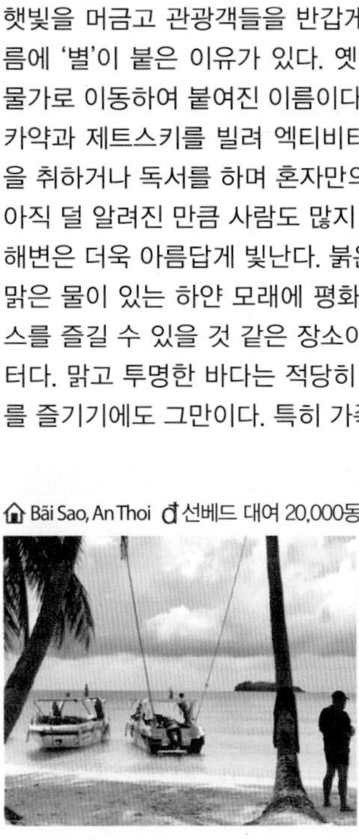
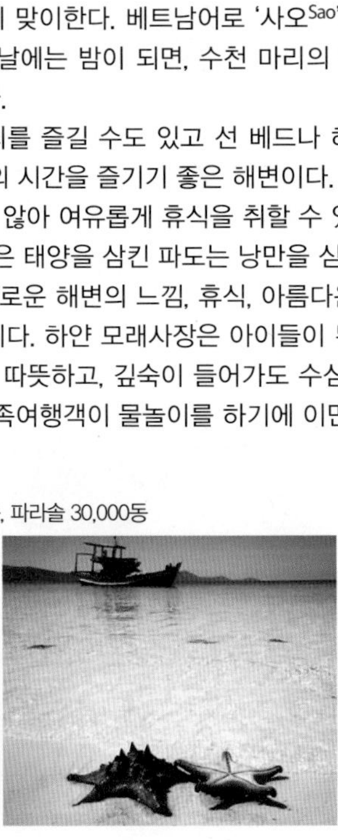
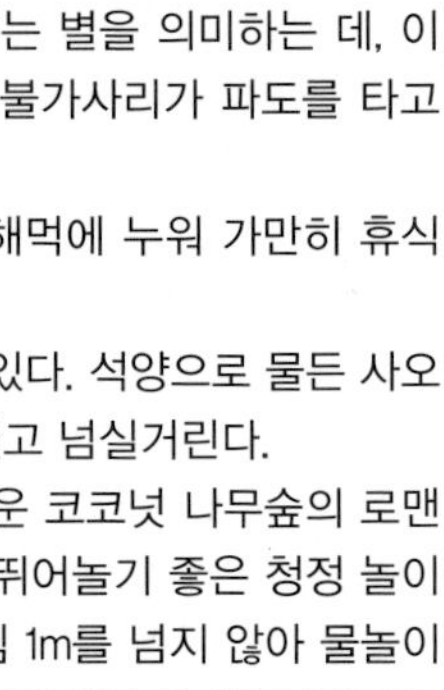

함닌 마을
Hàm Ninh

푸꾸옥Phu Quoc 섬 동쪽 해안에 자리한 작은 어촌 마을로 가장 오래되고 유명한 마을이다. 아직 관광객이 많지 않아서인지 몰라도 때 묻지 않은 순박한 옛 모습이 그대로 남아 있다. 실제로 함닌 마을Hàm Ninh 주민들은 대나무를 이어 만든 벽에 짚으로 엮은 지붕을 얹은 수상가옥에 살면서 바다 속에서 진주를 캐고, 그물로 해삼이나 게 등 해산물을 잡아 생계를 유지한다. 마을의 입구부터 길가를 따라 늘어선 상점에서 진주로 만든 액세서리와 말린 해산물 등을 판매하는데, 가격이 저렴해 기념품으로 사기 좋다.

호국사
Chùa Hô Quôc

2012년 12월 14일에 완공된 현대적인 불교 사원으로 푸꾸옥에서 가장 큰 사원이다. 아직도 곳곳에서 공사가 이루어지고 있어서 산만한 느낌이 들기도 한다. 입구로 들어서면 옥으로 된 불상과 18개의 돌조각으로 장식된 용 다리가 있다. 사원의 정상에는 커다란 종탑과 다양한 불교 예술 작품들을 볼 수 있다.

호국사로 가는 도중에 담 해변Bãi Dăm이 있으므로 같이 여행코스로 묶어서 여행하는 것이 좋다. 베트남의 설날에는 사원마다 신년 소망을 비는 사람들이 많은데 호국사도 설날에 많은 사람들로 북적인다.

Dúonh To. Phú Quôc ⏲ 7~19시 đ 무료

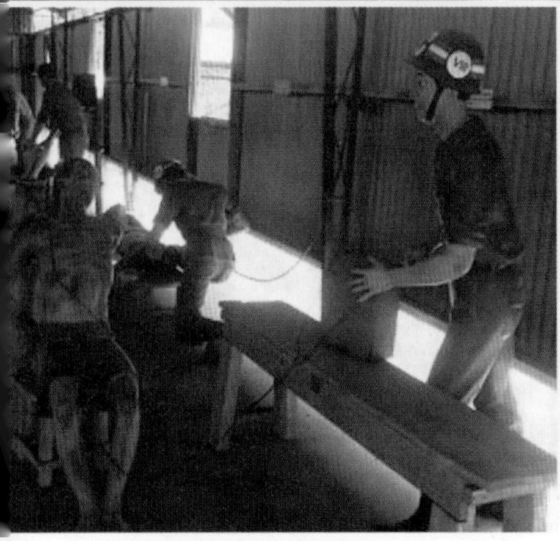
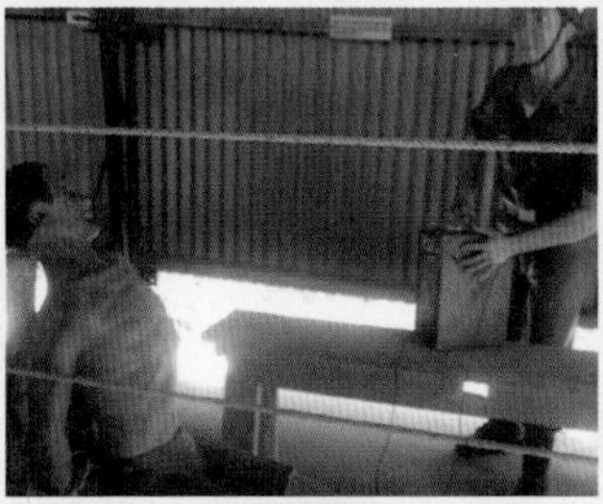

350 Nguyên Vẩn Cù, An Thoi

코코넛 수용소
Nha Lao Cay Dua

철조망으로 둘러싸인 수용소 모습을 통해 베트남의 슬픈 현대사를 느낄 수 있다. 코코넛 수용소는 베트남 전쟁 당시 포로 감옥으로 사용된 곳을 보존해 베트남 전쟁의 실상을 알리는 장소로 활용되고 있다. 감시탑이 3곳, 12~14구역까지 점차 늘어난 시설로 가장 많이 수용을 했을 때는 약 40,000명까지 수용했으나 32,000명을 수용한 수용소로 알려져 있다.

식량으로 사용되던 코코넛을 다 먹은 뒤 코코넛의 껍질로 땅을 파 탈출을 시도했다고 해 '코코넛 수용소Nha Lao Cay Dua'라고 이름이 붙여졌다. 다만 육지와 바다 모두에서 철저하게 감시가 이루어지고 고문이 자행되면서 탈출한 사람들은 없는 것으로 알려져 있다. 작은 박물관으로 만들어져 있지만 아이들은 관심이 없고 나이 많은 부모는 오히려 관심이 많은 곳이다.
잔인한 고문의 현장이 그대로 재현한 곳에서 여전히 죽지 않고 살아 있는 듯한 장면들을 볼 수 있다. 베트남 인들의 국가의 자존심, 나라에 대한 사랑을 재현할 목적으로 만들어진 수용소가 현재 관광지로 소개되고 있다.

Phù Quốc South

푸꾸옥 남부

안터이 군도

Quãn dào An Thòi

푸꾸옥Phú Quốc의 해상 국립공원에 속해 있는 안터이 군도Quãn dào An Thòi는 유네스코가 지정한 생물권 보존지역에 속해 있다. 산호 군락이 형성된 지역에서 스노클링과 스쿠버 다이빙을 하고 아름다운 해변에서 여유롭게 하루를 보낼 수 있다.

최근 안터이 군도Quãn dào An Thòi의 섬들을 돌아다니면서 섬과 바다를 아름다운 풍경과 해양스포츠를 즐기는 호핑투어가 푸꾸옥Phú Quốc의 인기 투어로 자리를 잡고 있다. 또한 세계에서 가장 긴 7,899.9m의 해상 케이블카에서 푸꾸옥Phú Quốc 남쪽 바다와 영공의 생생한 아름다움을 즐기려는 관광객도 늘어나고 있다.

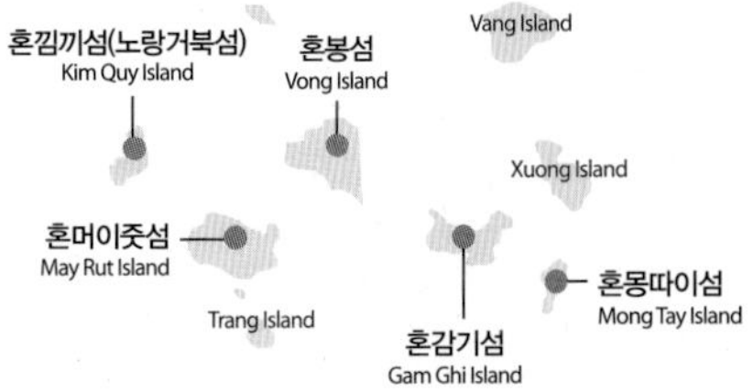

선 월드 해상 케이블카
Cáp treo Hòn Thóm Phú Quốc

세계에서 가장 긴 7,899.9m의 해상 케이블카는 2018년에 운행을 시작하면서 점차 푸꾸옥Phú Quốc을 방문하는 관광객도 늘어나고 있다. 푸꾸옥이 아름다운 섬이지만 즐길 거리가 부족했던 이전과 비교해 푸꾸옥의 남쪽 바다와 영공의 생생한 아름다움을 즐기려는 관광객도 늘어나고 있다.

지금도 다낭의 바나힐을 만들어 운영하는 선 월드에서 놀이동산을 조성하고 있기 때문에 앞으로 케이블카를 이용하는 관광객은 늘어날 것이다.

높은 위치의 케이블카에서 보는 바다와 섬의 풍경은 환상적이다. 높아서 무섭다고 느껴지지만 못 탈 정도의 무서움이 다가오지는 않는다. 케이블카는 작은 섬 3~4개를 지나가면서 옹기종기 모여 있는 작은 어선들을 보면서 약 25분 정도 이동한다. 케이블카를 내려서 버스를 타고 해변으로 오면 아름다운 해변이 펼쳐진다. 다양한 놀이를 즐길 수 있다. 햇빛이 강하므로 비치의자를 이용해야 편하게 쉴 수 있다.

케이블카와 혼 톰(Hon Thom) 섬을 즐기는 방법

오전에 일찍 케이블카를 타고 혼 톰 섬에서 물놀이를 하면 오후에 케이블카를 타고 돌아오면 하루 일정으로 재미있게 즐길 수 있지만 오후에 케이블카를 타고 이동하면 관광객도 많고 케이블카만 타고 잠시 둘러보고 와야 하기 때문에 아쉬운 마음이 들게 된다.

▶준비물

선크림, 비치타월과 여분의 타월, 모자, 음료수, 간식

▶운행시간

7~12시 / 13~16시 / 17시 30분~18시 / 19~19시 10분 / 20시 30분~21시

www.honthom.sunworld.vn Bãi Dất Dò, Phú Quốc 7~21시

đ 500,000동 (1.3m 이하 어린이 350,000동 / 1m 이하 무료)
무료 셔틀버스 안에서 케이블카 티켓 구입 가능

+84-258-3598-222

우기의 운행 금지

베트남의 우기에는 많은 비가 오기 때문에 안전 문제로 인해 실제로 케이블카의 운행이 수시로 중단된다. 그러므로 우기에는 날씨를 확인하고 케이블카를 타러 이동해야 한다. 또한 도착하고 나서 날씨가 갑자기 나빠진다면 운행이 중단되는 데 날씨가 좋아질 때까지 기다려야 하므로 시간을 허비하는 경우가 많다.

활기차고 흥미진진한 바다의 천국인 혼 톰 섬은 누구나 물속으로 뛰어 들거나 코코넛 나무 아래에서 흰 모래 위에 누워 쉬고 싶어 한다. 비치와 바다 위에 떠있는 보트가 인상적인 풍경을 만들어 낸다.

혼 톰Hon Thom 섬의 하얀 모래사장에서 맨발로 다니면 햇빛과 푸른 바다가 눈에 들어온다. 아직 개발 중이라서 어수선한 느낌을 받을 수 있지만 오른쪽 비치를 따라 걸어가면 나무들이 보이고 아름다운 풍경이 눈에 보인다.

선 월드 파크
Sun World Park

케이블카에서 내리면 셔틀버스를 타고 가게 된다. 솔 비치에 도착할 시간이 되면 자리가 차게 된다. 입석은 안 되기 때문에 자리가 없으면 계속 기다려야 한다. 섬 내부에는 춤을 추고 다양한 공연을 보여주기 때문에 가족 여행객은 자녀들이 특히 좋아한다. 비치에는 파도가 잔잔하고 물놀이를 할 수 있도록 물놀이기구를 이용해 즐길 수 있다.

안터이 항구
An Thoi Harbor

푸꾸옥Phu Quoc에서 가장 분주한 항구로 활기찬 생활 터전을 느낄 수 있다. 즈엉동 마을에서 차로 약 40분 거리에 있다. 바다에 조금 더 가까이 다가가면 야자로 만든 베트남의 전통 모자 논라Nón Lá를 쓰고, 갓 잡은 싱싱하고 통통한 생선을 손질하는 여인들을 볼 수 있다.
해 질 무렵이면 바다에 떠 있는 배와 석양이 조화를 이루는 아름다운 사진을 찍을 수 있다.

푸꾸옥의

커피 & 카페 Best 5

트립풀 8 커피 바 & 푸드(Triple 8 Coffee Bar & Food)

망고베이를 가는 길에 있는 커피와 음식을 팔고 있다. 옹랑해변에는 유럽의 장기 여행자가 많아서 베트남 커피를 마시지 않고 유럽에서 마시는 에스프레소를 팔고 커피 머신으로 내린 아메리카노도 마실 수 있는 곳이 흔하지 않아 관광객이 많이 찾는다. 식사보다는 커피와 음료가 주로 판매되고 있다.

Ong Lang 9~22시

딩 티(Ding Tea)

버블티와 녹차를 오랜 시간 관리한 경험을 바탕으로 저렴하게 판매하고 있는 브랜드이다. 가장 유명한 메뉴는 역시 버블티이다. 시원하게 마시는 버블티는 더위를 날려 버릴 것 같다. 또한 다양한 차Tea 메뉴가 있어서 한 곳에서 커피와 차를 즐길 수 있다. 커피 맛은 대한민국에서 먹던 커피 맛과 다르지 않아서 베트남 커피의 쓴맛보다는 친숙한 맛이 장점이다.

43 Tran Hung Dao Khu 1 7~23시 30분 버블티 40,000동~ +84-913-116-089

카페 수어다(Ca Phe Sua Da)

진한 커피 향기와 다양한 케이크로 나트랑 관광객의 발길을 사로잡는 카페이다. 실내가 크지만 항상 사람들로 북적이는 커피색 디자인이 눈에 띈다. 우리가 마시는 친숙한 맛의 커피를 주문할 수 있어서 서울 한복판에 있는 것 같기도 하다.

97 Tran Hung Dao 7~22시
아메리카노 44,000동~ +84-297-6283-838

로이 커피 & 티(Roy Coffee & Tea)

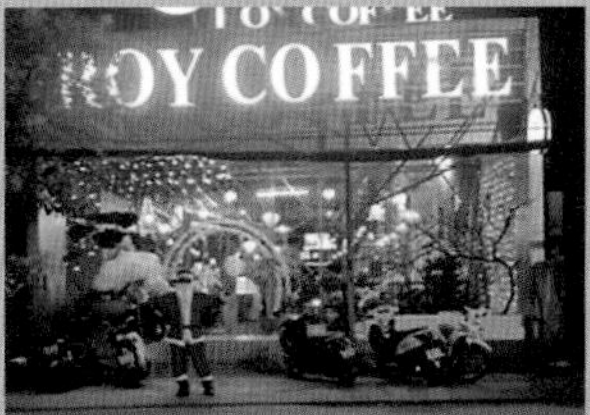

푸꾸옥 사람들이 커피 맛으로 인정하는 커피전문점이다. 신선한 원두만을 사용해 직접 추출한 커피 맛이 진하여 처음에는 쓴 맛만 느껴질 수 있다. 단순한 인테리어에 커피를 한잔 마시기 좋은 정통 베트남의 커피를 내준다. 작은 공간이지만 현지의 연인과 친구와 커피를 마시며 밀린 이야기를 한다.

40 30/4 Dúòng Dong 8~22시
커피, 차 39,000동~ +84-96-915-2585

바 & 커피(Bar & Coffee)

앤틱하고 유니크한 인테리어는 베트남에서는 볼 수 없는 세련미가 더해진 커피 전문점이다. 푸꾸옥 젊은이들과 관광객이 간단한 식사와 커피에 저녁에는 맥주를 한꺼번에 마실 수 있는 활기찬 느낌의 카페이다. 메뉴의 종류도 다양하고 식사와 디저트까지 동시에 즐길 수 있는데 커피도 정통 베트남커피의 진한고 쓴 커피가 아니고 에스프레소 느낌의 커피 맛이 나온다.

40 24/1 Dúòng Dong 8~22시
카페 쓰어다 45,000동 +84-96-3253-186

Midori House
미도리 하우스

깨끗하고 편안한 분위기에서 저렴한 가격에 식사를 할 수 있는 곳이다. 선택할 수 있는 메뉴가 많고 아침 식사도 할 수 있어 항상 사람이 많다. 해산물이나 고기류 등의 다른 메뉴도 있지만 직접 화덕에서 굽는 피자가 양이 많고 맛있다.

Ong Lang · 11~22시 · 피자 99,000동~ · 090-108-4089

The Embassy
더 엠바시

푸꾸옥에서 보기 힘든 세련된 디자인의 카페로 바로 앞 큰 나무가 상징처럼 우뚝 솟아있다. 2층에는 야외 테라스가 있고 알록달록 테이블과 의자가 인상적이며 직원들의 능숙한 라떼 아트와 샌드위치를 즐길 수 있다.

다양한 디저트와 간단한 식사를 원하는 관광객이 주로 찾는다. 최근에 한국인 관광객이 브런치를 먹기 위해 찾는 매장으로 알려져 있다.

99A Tran Hung Dao · 8~22시 · 126-882-5771

Saigon Pho

포 사이공

즈엉동 야시장 근처에 있는 현지 푸꾸옥 사람들에게 알려진 맛 집으로 메콤한 소스에 취향에 따라 첨가해 먹을 수 있다.

가격(40,000동)도 저렴하고 양도 푸짐하다. 개인적으로 아침에 쌀국수를 먹는 쌀국수 집으로는 푸꾸옥 최고라고 생각한다.

🏠 30/04 TT Dúong Dông
🕒 7~17시
📞 0773-846-333

No Name BBQ

노 네임 바비큐

최근 한국인들 사이에서 입소문을 타는 곳으로 이미 외국인 관광객들이 많고 싸고 다양하게 육류, 해산물, 닭고기 등을 즉석에서 특제 양념으로 고기와 옥수수를 구워주는데 말로 설명할 수 없이 맛있어 돌아와서도 생각나게 된다.

🏠 Group 3, Ong Lang Hamlet, Cua Doung
🕒 11~14시, 17~23시
📞 93-776-0779

푸꾸옥 마트

푸꾸옥에서 거리를 지나가다가 보이는 작은 킹 마트King mart, K 마크K Mark와 미니 마트Mini Mart 정도이다. 또한 저녁 9시면 문을 닫기 때문에 늦은 시간에는 영업하는 상점이 거의 없다. 가장 큰 킹 마트King mart도 작은 슈퍼마켓이라고 생각하는 것이 더 맞는 것 같다. 다른 도시에는 빈 마트나 롯데마트가 있지만 푸꾸옥에는 대형 마트는 없고 22시까지 영업을 하는 마트가 대부분이어서 밤에 필요한 물건은 미리 구입해야 한다. 대한민국의 관광객보다 중국인과 러시아 관광객들이 실제로 많이 이용하고 있다.

미니 마트(Mini mart)

푸꾸옥 즈엉동 인근에 있는 미니 마트는 여행자가 가장 많이 찾는 큰 마트이다. 물론 푸꾸옥 현지인이 더 찾는 일 것이다. 생필품부터 공산품까지 필요간 물품은 다 있다고 생각해도 된다. 22시에 문을 닫기 때문에 음료, 가정 물품, 화장품 등을 늦은 시간까지 구입하려는 관광객이 늦은 시간까지 많이 찾는다.

미니마트는 현지인들도 많이 방문하는 마트 중에 품질이 보증된 품목이 많다고 알려져 있다. 러시아 인들이 많이 찾는 양주나 와인도 판매를 하고 있다.

339A - 339B Nguyễn Trung Trực - TT. Dương Đông 8~22시 0297-3993-366

킹콩마트(KINGKONG MART)

푸꾸옥을 70년대부터 휴양을 하러 온 관광객은 러시아 사람들이 처음이었다. 그런 러시아 인들이 가장 많이 이용하는 곳이다.

규모가 푸꾸옥에서 가장 크다고 알려져 있지만 상품의 구성은 관광객의 구미를 당기도록 전시를 하지는 못하다. 옷이나 수영복 등을 팔고 있지만 촌스럽다는 이야기를 많이 한다. 러시아인들은 푸꾸옥의 다양한 물건을 많이 사가기 위해 여행용가방을 하나 더 사서 붙이는 경우가 많다.

141A Đường Trần Hưng Đạo, Dương Tơ 9~22시 094-321-6125

케이마크(K+Mark)

즈엉동 시내에 있는 한국 음식을 살 수 있는 마트로 간단하게 한국 라면이나 김치를 구매하기에 좋다. 최근에 한국인 관광객이 늘어나면서 한국 음식의 판매가 늘어났다고 한다.

작은 마트보다는 큰 규모이고 조금 더 한국 식품에 집중되어 있다. 푸꾸옥의 특산품인 후추나 꿀 등을 저렴하게 판매하기 때문에 선물을 사려는 고객들도 많다.

Dương Đông- Cùa Can TT. Dương Đông
9~22시
097-7825-765

C마트(C mart)

즈엉동 마을 중간에 있어서 접근성이 좋은 마트이다. 가장 많이 찾는 고객은 역시 러시아 관광객이다. 작은 크기의 매장을 가지고 있지만 푸꾸옥에서는 작은 매장이라고 볼 수 없다. 그만큼 푸꾸옥에는 마트 자체가 많지 않아서 어느 마트나 북적인다. 물품의 수가 많고 저렴한 가격도 상당수이다.

🏠 92A Đường Trần Hưng Đạo, Khu Phố 7, Dương Tơ
🕒 8~22시

킹 마트(King Mart)

대량 구매를 하는 창고식 할인 매장으로 상인이나 도매업자들이 사용하는 마트이다. 할인된 제품을 제공하는 마트로 알려질 정도로 저렴한 물품이 많다.
야시장 내에 있어서 야시장을 둘러보면서 가격비교를 하고 선물을 구입할 수 있는 장점이 있다. 의외로 많은 제품이 있어서 관광객이 추천하는 마트이다.

주소_ Khu 1
시간_ 9시 30분~22시 30분
(일요일 13시 30분부터 시작)
전화_ 097-5911-555

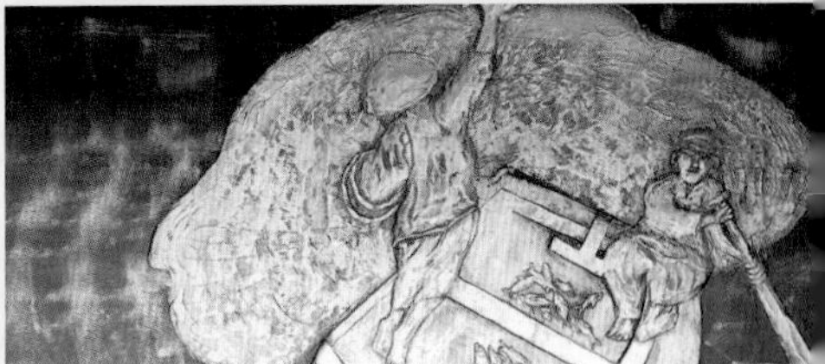

푸꾸옥의

숙소의 특징

다른 베트남의 숙소가격보다 비싼 편이다.

푸꾸옥Phu Quoc은 휴양지로 개발 중이고 베트남의 신혼여행지로 인기를 끌면서 호텔, 방갈로, 리조트의 가격이 베트남의 다른 지역보다 높다. 저렴한 호텔이 성수기에도 다낭Da Nang에서 350,000~400,000동의 가격으로 예약할 수 있지만 푸꾸옥에서는 찾기가 쉽지 않다.

푸꾸옥은 성수기에도 호텔이나 리조트가 만실이 되지 않아 빈 공실이 되어도 가격을 내리지 않고 비슷한 품질과 위치의 호텔이 450,000~500,000동으로 가격을 동결시키고 있다. 푸꾸옥의 임대료가 다른 관광지보다 높다는 것이 이유였다. 다만 성수기에도 항상 숙소는 구할 수 있는 장점이 있다.

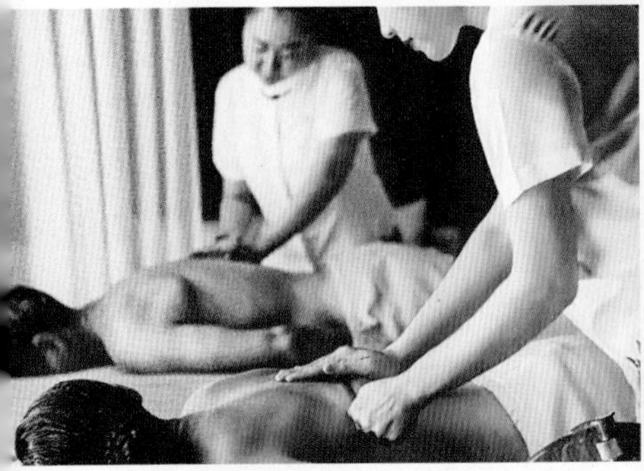

고급 리조트나 호텔이 많아서 마사지 서비스나 수영장이 기본적으로 제공되는 곳이 많다.

푸꾸옥은 휴양지로 개발이 되고 있는 곳이다. 최근에 새로운 휴양지로 개발에 박차를 가하고 있을 정도로 새로 만들어지는 호텔과 리조트가 많고 섬 전체가 공사 중이라고 할 정도이다. 고급 리조트나 호텔에서 숙박이나 휴식에 필요한 서비스를 제공하여 리조트에서만 즐기다가 올 정도로 서비스가 좋다.

Intercontinental Longbeach Resort
인터컨티넨탈 롱비치 리조트

2018년에 문을 연 5성급 리조트로 서쪽 해변에 위치해 있다. 푸꾸옥 국제공항에서 약 20분 정도 소요된다.
인터컨티넨탈 푸꾸옥 롱비치 리조트는 459개의 우아한 객실, 스마트 룸과 빌라를 제공하고 리조트 윙과 스카이 타워로 이루어져 있다.
스카이 타워의 가장 위층에 위치한 INK360은 19층에 위치한 바 Bar로 울창한 산들과 바다의 풍경뿐만 아니라 세계 각지의 양질의 음식과 푸꾸옥의 환상적인 일몰을 감상할 수 있다.

🏠 Bai Truong Duong
đ 클래식 킹룸 220$, 클래식 킹룸 바다전망 250$
📞 028-3978-8888

JW Marriott Hotel Phu Quoc Emerald bay Resort & Spa

JW 메리어트 푸꾸옥 에메랄드 베이 리조트 & 스파

껨 해변 구역의 해안을 따라 자리하고 있는 JW 메리어트 푸꾸옥 에메랄드 베이는 유명 건축가인 빌 벤슬리의 기발한 디자인이 특징인 고급 리조트이다. 대학교였던 건물을 최대한 살려 고급스러운 분위기의 다양한 리조트를 한곳에 모아놓았다는 평가를 받고 있다. 전용 해변을 보유하고 있기 때문에 여유롭고 한적한 휴양을 즐기기에 적합하다. 고급 브랜드에 걸맞게 현대적이고 세련된 객실을 보유하고 있고 각 객실마다 럭셔리하게 꾸며진 인테리어를 엿볼 수 있다.

고급스러운 분위기의 스파도 함께 구비돼 있어 분위기를 만끽하며 마사지를 받을 수 있다. 야외에는 3개의 수영장이 있기 때문에 몸을 담그며 휴식을 취할 수 있다. 리조트 인근에는 사오비치와 푸꾸옥 비치, 푸꾸옥Phu Quoc 야시장이 가까워 접근성이 높다.

🌐 www.marriott.com
🏠 An Thoi Town
₫ 에메랄드 룸 263$, 디럭스룸300$, 스위트룸341$
📞 0297-779-999

Premiere Village
프리미어 빌리지

푸꾸옥 해변가에 있는 5성급 호텔로 1베드룸부터 4베드룸까지 빌라형태로 구성되어 있다. 간이 주방도 있어 가족 여행객에게 적합하다. 도심을 벗어나고 싶은 여행자들이 주로 찾는 리조트로 안터이 지역의 경치를 즐기며 야외 수영장에서 휴식을 누리기에 적합하다.
풀 서비스 스파도 구비되어 있어 마사지와 얼굴 트리트먼트 서비스를 받으며 느긋한 시간을 보낼 수 있다. 리조트 인근에 사오비치와 수오이 짠 폭포, 피시 소스 공장, 호꾸옥 사원 등이 가깝다.

- premier-village-phu-quoc-resort.com
- Mũi Ông Dội, An Thoi
- đ 2베드룸 빌라 380$, 2베드룸 비치 프론트 540$, 3베드룸 비치 프론트 580$
- 0297-3456-666

🌐 fusionresorts.com/fusionresortphuquoc
🏠 Hamlet 4 Bãi Biển Vũng Bầu, Cửa Can
đ 1베드룸 풀빌라 363$, 2베드룸 풀빌라 698$
📞 0297-3690-000

Fusion Resort
퓨전 리조트

퓨전 리조트는 완벽한 푸꾸옥 휴양을 위해 만들어졌지만 시내 중심에서 차로 15분 거리에 있는 것이 단점이다. 오랜 기간 휴양을 원하는 러시아 여행자들이 많이 찾고 있다. 리조트 전용 비치, 수영장 등이 있어, 다양한 스포츠를 즐길 수 있는 장점이 있다.
투숙객들이 가장 좋아하는 장소는 역시 전용 비치 앞에 놓인 선베드로 추운 러시아에서 온 여행자들이 이른 아침부터 점령해 선베드는 부족할 수 있다. 바람과 파도가 세고, 햇빛도 강해 선베드에서 태닝을 즐기는 이들이 많다. 조식 메뉴도 훌륭하고 만족할 만한 부대시설을 구비해놓았다.

Novotel Phu Quoc
노보텔 푸꾸옥

현대적인 분위기의 5성급 호텔로 롱비치 남쪽 끝에 있어서 경치가 좋은 것이 장점이다. 아름다운 바다전망을 자랑하는 호텔은 야외 수영장과 식사는 만족스럽고 객실은 무채색으로 꾸며져 단조롭지만 깨끗한 분위기이다. 자연 채광을 하도록 전용 발코니를 갖추고 있다. 세련된 스파는 해변에서 놀고 피로한 몸을 편안하게 만들어준다.

- www.accorhotels.com
- Duong Bao Hamlet Duong To Commune, Dúòng Bào
- đ 슈페리어 150$, 디럭스 170$, 방갈로 260$
- 0297-626-0999

🌐 www.melia.com
🏠 Zone 1, Duc Viet Tourest Area Bãi Trúòng Complex, Dúòng Tó
₫ 비치 하우스 105$, 주니어 스위트 160$
📞 0297-3869-999

Sol Beach House
솔비치 하우스

최근에 푸꾸옥 섬에서 가장 고급스러운 리조트가 들어서는 곳이 롱 비치 남쪽이다. 롱 비치에 있어서 새로운 호텔과 비치의 레스토랑과 식당, 해변이 모두 가깝다. 가격이 저렴한데도 방음이 잘 되고 깨끗한 내부 분위기로 가성비가 높은 5성급 리조트로 알려져 있다. 다만 아직 근처에는 볼거리가 없다는 단점에도 전용 해변 구역과 스파를 이용할 수 있어 여성들의 만족도가 높다.

개인적으로 직원들이 친절하게 진심으로 도와준다는 인상을 받아 다시 오고 싶은 리조트이다. 남부의 해상 케이블카나 스노클링, 스쿠버 다이빙 등이 가까워 새롭게 조성되는 섬 개발 장소로 알려져 있다.

Green Bay Phu Quoc Resort
그린 베이 리조트

완벽한 푸꾸옥 휴양을 위해 만들어졌지만 시내 중심에서 차로 15분 거리에 있는 것이 단점이다. 오랜 기간 휴양을 원하는 여행자들이 많이 찾고 있다.
인근에 관광 명소가 없지만 조용하게 지낼 수 있다.리조트 전용 비치, 수영장 등이 있어, 투숙객들이 가장 좋아하는 장소는 역시 전용 비치 앞에 놓인 선베드이다. 바람과 파도가 세고, 햇빛도 강해 선베드에서 태닝을 즐기는 이들이 많다.

- greenbayphuquocresort.dom
- Cùa Can, Phu Quoc, 옹랑 해변, 끄아깐 해변 북쪽
- **요금_** 방갈로 정원전망 125$(해변 전망 240$)
- **전화_** 0297-6267-799

Chen Sea Resort
첸 시 리조트

푸꾸옥에서 가성비 높은 5성급 같은 4성급으로 알려진 첸 시 리조트Chen Sea Resort은 안락하고 편안한 침구와 웅장한 풀장과 해변 전망까지 만족도가 높다.

다른 5성급 리조트에 비해 시설이 떨어지지 않은 4성급 리조트와 동일한 가격에 지낼 수 있어 가성비를 따지는 고객에게 만족도가 높다. 바로 연결된 비치에서 즐기는 엑티비티가 모두 무료라서 부담 없이 즐길 수 있다. 비치 프런트에서 들리는 파도 소리는 아침, 저녁마다 여유를 가지도록 도와준다.

Bai Xep Ong Lang Hamlet, Ong Lang
đ 빌라(바다 전망) 152$, 비치 프런트 빌라 225$
0297-3869-000

Mango Resort
망고 리조트

최대 장점은 어느 룸에 숙박을 해도 바다 전망을 볼 수 있는 것이다. 푸꾸옥 비치 앞에 있어서 푸꾸옥 어디로든 걸어서 이동이 가능한 호텔이다.
스위트룸부터 침대 사이즈가 킹사이즈로 커지지만 디럭스와 클럽 룸도 쾌적한 숙박이 가능하다.
6층의 인피니티 풀은 여유롭게 바다를 보면서 수영을 즐기고 음료를 즐기면 기분이 좋아지게 만드는 풀장이다. 쉐라톤 호텔의 최대 장점은 루프탑 바인 얼트튜드 바Altitude Bar가 같은 호텔 내부에 있어 아침부터 저녁까지 호텔에서만 머물러도 지루하지 않게 지낼 수 있다는 점이다.

주소_ Ong Lang Beach
요금_ 수페리어 더블룸(바다전망) 90$, 수페리어 방갈로(정원 전망) 110$
전화_ 0961-947-821

Azura Resort
아주라 리조트

공항까지 20분 정도의 거리에 있는 즈엉동 골목에 있는 리조트는 해변과 떨어져 있지만 시설은 매우 좋다. 공항에서 숙소까지 택시로 도착할 수 있도록 해 주는 데 무료이다. 골목길에 있어서 밖으로 나가는 골목은 환경이 좋지 않지만 시내 중심에 있어 다양한 레스토랑과 맛집을 쉽게 찾을 수 있다. 다만 골목 안에 있어서 처음에 찾아가기가 쉽지 않고 룸 내부에 가끔씩 개미들이 보이는 단점이 있다. 저렴한 가격에 깔끔한 내부 인테리어는 가성비가 높은 리조트로 알려져 있다.

101/5 Trần Húng Dao

đ 방갈로 테라스27$, 수페리어 더블룸34$

93-273-6728

Coral Bay Resort
코랄 베이 리조트

잘 관리된 해변에 있는 가성비 높은 3성급, 리조트는 안락하고 편안한 침구와 웅장한 풀장과 해변 전망까지 만족도가 높다. 롱 비치Long Beach에 위치해 시내와는 떨어져 있지만 해변에 카약을 무료로 빌려주고 조식의 메뉴도 조금씩 달라져 가성비를 따지는 고객에게 만족도가 높다. 작은 풀장은 조용하게 수영할 수 있다.

Hamlet 8, Tran Hung Dao, Duong Dong
đ 수페리어(산 전망) 52$, 바다전망 65$
0297-3869-000

Nesta Phu Quoc Hotel
네스타 푸꾸옥 호텔

방의 품질, 위치, 호텔의 서비스, 리셉션, 룸 등 직원들의 친절까지 가성비가 높다. 편안한 느낌을 주는 내부 인테리어와 쩐 푸Dinh Cau가 항상 내려다보이는 전망이 아름답다.
호텔 리셉션은 친절하고 호텔 관리를 잘한다. 또한 해산물을 가지고 오면 호텔에서 추가 비용없이 끓여주기도 한다. 조금만 걸으면 야시장이 가까워 밤 시간도 효율적으로 사용할 수 있다.

🏠 26 Nguyen Du, Duong Dong, Phu Quoc, Kien Giang
đ 스탠다드 룸 41$, 디럭스 48$
📞 297-3998-866

Vanda Hotel
반다 호텔

즈엉동 거리에 있는 반다 호텔Vanda Hotel은 전망은 좋지 않지만 깨끗한 내부와 직원들의 친절한 행동은 다시 머물도록 만드는 힘이다. 즈엉동 거리에 있는 호텔 중에는 저렴한 호텔은 아니지만 다른 호텔에 비하면 상당히 저렴한 호텔이다.
수영장은 관리가 잘되어 조용하게 여유를 즐기고 바다를 볼 수 있어 인기가 있다.

주소_ 107/1 Tran Hung Dao, Duong Dong
요금_ 수피리어(수영장 전망) 35$~, 스위트 룸(정원전망) 55$~
전화_ 297-6606-565

OYO 163 Phung Hung Hotel
오요 163 풍 훙 호텔

안터이 항구에서 해변으로 나가는 코너에 있는 호텔로 해변은 보이지 않지만 위치가 좋다. 접근성이 좋고 다른 레스토랑이 즐비해 여행하기에 좋은 조건을 가지고 있다. 야외수영장이 있고 라운지에서 바라보는 해안의 풍경은 낮이나 야경을 보기에 적합하다.

60~62 Nguyên Van Cu An Thoi đ 디럭스 더블룸 31$~, 디럭스 스위트룸 52$~ 284-458-1611

Ruby Hotel
루비 호텔

2018년에 새로 문을 연 안터이 항구에서 5분 정도의 거리에 맛집을 쉽게 찾을 수 있으며 친절한 직원의 소개로 다른 투어 상품도 예약이 쉽다.

옥상에서 보이는 뷰도 아름답고 깨끗하고 저렴하지만 좋은 호텔이다. 다만 골목 안에 있어서 처음에 찾아가기가 쉽지 않고 룸 내부에 가끔씩 개미들이 보이는 단점이 있다. 저렴한 가격에 깔끔한 내부 인테리어는 가성비가 높은 호텔로 알려져 있다.

5 Tang, 37 Phong, An Thoi
đ 스탠다드 18$~
090-279-2793

빈펄 리조트

Best 3

푸꾸옥 바이다이 비치에 자리한 빈펄 리조트는 현대적인 모습이 푸꾸옥 청정 자연과 대비되어 멋진 풍광을 이룬다. 워터파크는 물론 각종 해양스포츠와 골프, 다채로운 프로그램이 마련되어 있어 누구와 함께 와도 만족스러운 여행을 즐길 수 있다.
빈펄 리조트는 7층 건물 2개 동으로 이루어져 있다. 객실은 총 750실. 한번에 2000여 명이 투숙할 수 있을 만큼 거대한 규모를 자랑한다. 뭐니 뭐니 해도 가장 즐거운 것은 다양한 해양 스포츠를 경험할 수 있다는 점이다. 패러세일링과 카약, 스노클링을 즐기다 보면 하루가 짧게 느껴질 정도다. 어린이들에게 흥미로운 공간도 있다.

1 빈펄 리조트 & 스파(Vinpearl Resort & Spa)

푸꾸옥 섬 골프장 옆과 바이 다이 비치에 위치한 빈펄 리조트는 한국인들에게 인기가 많은 곳이다. 리조트는 약600개의 객실이 준비되어 있으며 각 객실마다 에어컨과 미니바, LED TV 등이 갖춰져 있다. 전용 발코니에서 바라보는 전망도 아름답다.
리조트 내에는 동양 최대 규모의 사파리를 비롯해 인공 파도풀과 슬라이드를 갖춘 워터파크, 빈펄 랜드, 아쿠아리움, 골프장 등 다양한 시설이 갖춰져 있기 때문에 즐길 거리가 풍부하다. 리조트의 규모가 커서 부대시설로 이동할 때는 무료로 제공되는 버기카를 타고 이동하는 것이 좋다. 4성급 호텔인 빈펄 리조트 인근에는 푸꾸옥 국립공원과 쩐꺼우 사원이 있다.

2 빈펄 리조트 & 스파(Vinpearl Resort & Spa)

빈펄 리조트 2번째 단지로 만들어져 '빈펄 2'로 줄여서 말하는데 골프장과 같이 만들어져 골프를 치고 쉴 수 있는 시설을 주로 만들었다. 빌딩에 있는 객실은 나중에 지어져 세련된 분위기를 만들어 놓았다. 스파가 없어 빈펄 리조트에서 같이 이용해야 하는 불편함은 있지만 키즈클럽이 있어서 아이들과 같이 여행 온 골프여행자가 주로 이용한다.

3 빈펄 디스커버리 3(Vin Pearl Discovery 3)

푸꾸옥Phu Quoc에는 빈펄 랜드와 빈펄 사파리가 있고 리조트도 있어서 다양한 놀거리를 선사하고 있다. 풀 빌라 리조트로 수백 개의 풀 빌라 객실부터 빈펄 리조트 1, 2가 있고, 최근에 5성급으로 격상된 빈 오아시스까지 상당한 큰 규모의 호텔이 한꺼번에 몰려 있다. 수영장, 레스토랑 등 각종 부대시설은 물론 사파리와 워터파크까지 갖춘 종합 테마파크인 빈펄 랜드가 가까워 다채로운 즐길 거리가 있다.

여행 베트남 필수회화

한국어	베트남어	발음
안녕하세요(만났을 때)	xin chào	씬 짜오
안녕하세요(헤어질 때)	tạm biệt	땀 비엣
감사합니다.	xin cám ơn	씬깜 언
여기로 가주세요. (택시를 탔을때)	cho tôi tới đây a	저 도이 더이 더이 아
여기를 어떻게 가죠? (지도나 주소를 보여주면서)	tôi đi tới đây như thế nào ạ?	도이 디 더이 다이 녀으 테 나오 아?
얼마예요?	bao nhiêu tiền vậy	바오 니에우 디엔 베이?
도와주세요	làm ơn giúp tôi với	람 언 쥽 도이 베이!
방이 있나요?	còn phòng không vậy	건 퐁 콩 베이

▪ 까페에서 : ~ 주세요(cho tôi (저 도이~))

한국어	베트남어	발음
얼음주세요	cho tôi đá	저 도이 다아
밀크커피 주세요	cho tôi cà phê sữa	저 도이 까 페 스으어
블랙커피 주세요	cho tôi cà phê đen	도이 까 페 댄
망고쥬스 주세요	cho tôi nước xoài	자 도이 느억 서아이
야자수 주세요	cho tôi nước dừa	저 도이 느억 즈어
하노이 비어 주세요	cho tôi bia hà nội	저 도이 비어 하노이

▪ 식당주문 : gọi món ăn

한국어	베트남어	발음
소고기 익은 쌀국수 주세요	cho tôi phở bò tái	저 도이 퍼 버 따이
소고기 설익은 쌀국수 주세요	cho tôi phở bò tái chín	저 도이 퍼 버 다이 진
닭고기 쌀국수 주세요	cho tôi phở gà	저 도이 퍼 카
분자 주세요	cho tôi bún chả	저 도이 분자
새우 튀김 주세요	cho tôi tôm rán	저 도이 덤 치엔 (란)
램 튀김 주세요	cho tôi nem rán	저 도이 냄 치엔 (란)
향채 빼주세요	không cho rau mùi vào	콩 저 자우 무이 바오
하노이 보드카 주세요	cho tôi rựu vô ka	저 도이 르어우 보드카

■ 핵심 회화

한국어	베트남어	발음
… 부탁합니다…	LÀM ƠN...	라암 언…
미안합니다	TÔI XIN LỖI	또이 씬 로이
다시 말씀해 주시겠어요?	LÀM ƠN NÓI LẠI LẦN NỮA.	라암 언 너이 라이 러언 느으억
천천히 말씀해 주세요	LÀM ƠN NÓI CHẬM CHO	라암 언 너이 자암 져
아니요.	KHÔNG PHẢI	커옹 파이
축하해요	XIN CHÚC MỪNG	씬 주웃 뭉
유감입니다	TÔI RẤT XIN LỖI	또이 러엇 씬 로이
괜찮아요.	KHÔNG SAO A	커옹 사오 아–
모르겠어요	TÔI KHÔNG BIẾT	또이 커옹 비엣
저는 그거 안좋아해요.	TÔI KHÔNG THÍCH CÁI ĐÓ	또이 커옹 팃 까이 더
저는 그거 좋아해요.	TÔI THÍCH CÁI ĐÓ	또이 팃 까이 더
천만에요.	KHÔNG CÓ GÌ	커옹 꺼 지
제가 알기로는…	TÔI HIỂU RẰNG...	또이 히에우 랑
제 생각에는…	TÔI NGHĨ RẰNG...	또이 응이 랑
확실해요?	CÓ CHẮC KHÔNG?	꺼– 자악 커옹?
이건 무슨 뜻이세요?	NÓ NGHĨA LÀ GÌ	너– 응이아 라 지?
이건 어떻게 읽어요?	TỪ NÀY PHÁT ÂM NHƯ THẾ NÀO?	뜨 나이 팍 암 느으 테 나오?
이것을 한국어로 써주실래요?	CÓ THỂ VIẾT LẠI CHO TÔI TIẾNG HÀN KHÔNG?	꺼 – 티에 벳 라이 져 또이 띤 한 커옹?
아니요.틀렸어요.	KHÔNG. SAI RỒI	커옹. 사이 로이
맞아요.	ĐÚNG RỒI	더웅 로이
문제 없어요.	KHÔNG CÓ VẤN ĐỀ	커옹 꺼– 버언 데
도와주세요.	GIÚP TÔI VỚI	즈읍 또이 버이
누가요?	AI VẬY?	아이 바이?
얼마에요?	BAO NHIÊU VẬY?	바오 니에우 바이?
왜 안돼요?	SAO KHÔNG ĐƯỢC?	사우 커옹 드으윽?
어떤거요?	CÁI NÀO?	까이 나오?
어디요?	Ở ĐÂU?	어 더우?
언제요?	KHI NÀO?	키– 나오?
자실있어요?	CÓ TỰ TIN KHÔNG?	꺼– 뜨으 띤 커옹?
잊지 마세요.	XIN ĐỪNG QUÊN.	씬 드응 구엔.
실례합니다.	XIN PHÉP	씬 팹
몸 조심하세요.	GIỮ GÌN SỨC KHỎE	즈으 진– 슥 쾌–에
여기는 뭐가 맛있어요?	Ở ĐÂY CÓ MÓN GÌ NGON?	어 다이 꺼– 머언 지 응어언 ?
…도 같이 할께요..	TÔI MUỐN ĂN NÓ KÈM VỚI..	또이 무온 안 너– 깸 버이…
계산서를 주세요.	LÀM ƠN CHO TÔI HÓA ĐƠN	라암 언 져 또이 화– 던
감사합니다.	XIN CÁM ƠN.	씬 깜– 언.

여행에서 사용하는 베트남어 단어

한국어	베트남어	발음
공항	sân bay	서언 바이
비행기	máy bay	마이 바이
짐	hành lý	하잉 리이
비행시간	thời gian bay	터이 쟈안 바이
입국	nhập cảnh	납 까잉
출국	xuất cảnh	쑤앗 까잉
입국신고서	tờ khai nhập cảnh	떠어 카이 납 까잉
출국신고서	tờ khai xuất cảnh	떠어 카이 쏘앗 까잉
여권	hộ chiếu	호 지에우
비자	visa: thị thực	비자 :티이특
체류목적	mục đích cư trú	목 디있 그 쪼우
입국심사	thẩm tra nhập cảnh	타암 쨔 납 까안
공항세관	hải quan sân bay	히이 관 서언 바이
세관신고	khai báo hải quan	카이 바오 하이 관
짐을찾다	tìm hành lý	디임 하잉 리–
환전하다	đổi tiền	도오이 디엔
쇼핑가게	cửa hàng mua sắm	끄어 항 무어 사암
사다	mua	무어
가게	cửa hàng	끄어 항–
잡화점	cửa hàng tạp hóa	끄어 항 다압 화
매점	căn tin	가앙 띤
교환	đổi	도오이
값:가격	giá tiền	쟈아 디엔
기념품	quà lưu niệm	구와 르우 니임
선물	quà	구와
특산물	đặc sản	다악 사안

한국어	베트남어	발음
치약	kem đánh răng	갬 다잉 랑
칫솔	bàn chảy đánh răng	반 쟈이 다잉 랑
담배	thuốt lá	투옥 라–
음료수	nước giải khát	느윽 쟈이 카악
술	rựu	르어우
맥주	bia	비아
안주	đồ nhắm	도– 냐암
구경하다	tham quan	타암 관
식당	quán ăn	과안 안
아침식사	ăn cơm sáng	안 껌 사앙
점심식사	ăn cơm trưa	안 껌 쯔어
저녁식사	ăn cơm tối	안 껌 또우이
후식	ăn tráng miệng	안 쟈앙 미엥
주식	món ăn chính	모언 안 지잉
음식	món ăn	모언 안
메뉴	thực đơn	특 던
밥	cơm	껌
국	canh	까잉
고기	thịt	티잇
소고기	thịt bò	티잇 버–
돼지고기	thịt heo	티잇 해오
닭고기	thịt gà	티잇 가아
생선	cá	까아
계란	trứng gà	쯔응 가–아
야채	rau	라우
소주	rựu	르어우
양주	rựu thuốt	르어우 투옥
쥬스	nước ngọt	느윽 응엇
콜라	côcacôla	고 까 고 라

조대현

현재 스페인에 거주하면서 63개국, 198개 도시 이상을 여행하면서 강의와 여행 컨설팅, 잡지 등의 칼럼을 쓰고 있다. MBC TV 특강 2회 출연(새로운 나를 찾아가는 여행, 자녀와 함께 하는 여행)과 꽃보다 청춘 아이슬란드에 아이슬란드 링로드가 나오면서 인기를 얻었고, 다양한 강의로 인기를 높이고 있으며 "해시태그" 여행시리즈를 집필하고 있다. 저서로 아이슬란드, 모로코, 가고시마, 발트 3국, 블라디보스토크, 조지아, 폴란드 등이 출간되었고 이탈리아, 오스트리아, 프랑스, 스페인 북부 등이 발간될 예정이다.

폴라 http://naver.me/xPEdID2t

김동혁

힘든 직장생활에서 탈출구를 찾아 준비 없이 떠난 여행에서 여행의 맛을 알게 되어 여행과 관련된 일을 하고 싶었다. 화려한 수식어하나 없는 평범한 사람도 여행 작가가 될 수 있으면 좋겠다는 생각으로 조금씩 글을 쓰게 되었고 글에서 새로운 삶을 찾았다. 여행이란 새로운 것을 보는 것이 아니라 나를 알게 되는 과정이라는 것을 알고 도전하는 작가로 적응하고 있다. 베트남에서 1년 이상 있었지만 최근에 정보를 구하기 위해 9개월 넘게 지내면서 베트남 전역에서 많은 정보를 알게 되었다. 특히 달랏과 푸꾸옥, 다낭, 나트랑에 대해 특히 애착을 가지고 있다.

HASH TAG TRAVEL

푸꾸옥

인쇄 | 2024년 12월 24일
발행 | 2025년 1월 21일

글 | 조대현, 김동혁
사진 | 조대현
펴낸곳 | 해시태그출판사
편집 · 교정 | 박수미
디자인 | 서희정

주소 | 서울시 강서구 허준로 175
이메일 | mlove9@naver.com

979-11-93839-97-3(03940)

※ 일러두기 : 본 도서의 지명은 현지인의 발음에 의거하여 표기하였습니다.